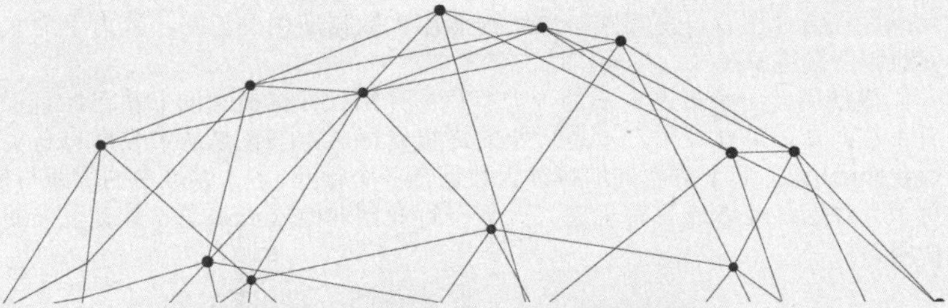

大数据分行业大解析

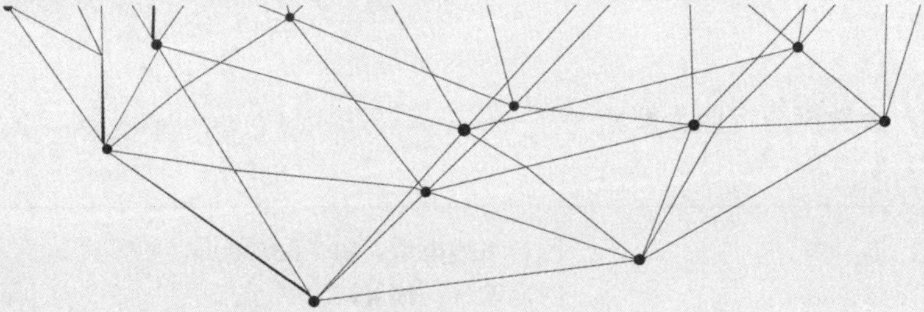

彭作文 刘宇航◎著

中国铁道出版社
CHINA RAILWAY PUBLISHING HOUSE

内 容 简 介

本书从大数据应用的方向出发，从不同行业，不同维度解析大数据在各行业中的落地应用。全书分为通路篇、现状篇、政用篇、商用篇、民用篇5大部分，共8章内容，深入解读近50个应用案例，是对近年来大数据应用的一次重要盘点；并且结合作者自身实践，总结提炼出大数据应用的通路，致力于为大数据创业创新提供系统性、可操作性的参考。

重应用，干货多是本书的一大特色。介绍大数据概念的书籍已经有很多，而大数据真正落地应用，才是行业的终极目标。本书正是从大数据自身实践与行业应用出发，庖丁解牛式地解读大数据在各个行业、各个领域中的实践与价值，对于大数据从业者或者有意进入大数据行业创业的人员来说，具有很强的借鉴作用。

图书在版编目（CIP）数据

大数据分行业大解析 / 彭作文，刘宇航著．—北京：中国铁道出版社，2016.12

ISBN 978-7-113-22249-9

Ⅰ．①大…　Ⅱ．①彭…　②刘…　Ⅲ．①数据处理—产业发展—研究—中国　Ⅳ．①F279.244.4

中国版本图书馆CIP数据核字（2016）第272883号

书　　名：**大数据分行业大解析**
作　　者：彭作文　刘宇航　著

策划编辑：苏　茜　　**读者热线电话**：010-63560056
责任编辑：张　丹　　**封面设计**：MXK DESIGN STUDIO
责任印制：赵星辰

出版发行：中国铁道出版社（北京市西城区右安门西街8号　邮政编码：100054）
印　　刷：北京铭成印刷有限公司
版　　次：2016年12月第1版　　2016年12月第1次印刷
开　　本：700mm×1000mm　1/16　**印张**：15.5　**字数**：174千
书　　号：ISBN 978-7-113-22249-9
定　　价：49.00元

作者简介

彭作文

中科点击创始人兼总裁，行业大数据应用专家，致力于大数据在各行业的管理及实践应用。军犬系列、慧数系列两大大数据品牌的缔造者。网络舆情商用定义者，曾负责北京奥运会、上海世博会舆情工作。中国传媒大学网络舆情专业客座教授，多次参与大数据行业峰会及主题演讲。

刘宇航

策划人，作家，自媒体人，中科点击市场品牌总监，品途商业评论、艾瑞、界面等专栏作家，发表了大量深度解读大数据行业的作品，对大数据行业应用有独到见解。多年市场与品牌策划工作，长于策略，精通创意，服务过数十个知名品牌整合营销。

序言

拥有大数据是时代特性，解读大数据是时代任务，应用大数据是时代机遇。大数据作为一个时代、一项技术、一个挑战、一种文化，正在走进并深刻影响人们的生活。处在创新的时代，大数据必将引领未来生活新变化、孕育社会发展新思路、开辟国家治理新途径、重塑国际战略新格局。

近年来，大数据已成为人们谈论的热点话题，被誉为“21世纪的石油”，并已经在生产生活、社会管理和科研等诸多领域发挥作用，受到许多国家的普遍重视。正如2012年联合国发布《大数据时代与人类发展：挑战与机遇》白皮书中所指出的：“大数据时代是一次历史机遇，人们可以使用极为丰富的数据资源对社会经济进行前所未有的实时分析，帮助政府更好地完善社会和经济运行”。业内人士也普遍认为，大数据将对人类的社会治理、经济行为、生活方式和思维模式产生重大影响。IBM大数据专家谢国忠说：“在当今新一轮技术浪潮中，大数据始终是核心要素，像血液一样在云计算、物联网、移动和社交中流动”。他认为：数据是当今世界新的自然资源，并且取之不尽，用之不竭。未来将出现新的技术热点，如今形成舆论热点的物联网、人工智能、神经技术等，也必将以大数据技术和大数据思维为支撑。

目前，尽管国内外对大数据的定义、内涵和外延尚未形成统一认识，但普遍对大数据充满期待已不可否认。中科点击创始人、行业大数据应用专家彭作文先生，抢占先机，勇立潮头，多年来一直致力于大数据研究，从服务经济社会发展的实际出发，编撰形成了独具特色的《大数据分行业大解析》一书，以独到的眼界、多维度的思维方式，对大数据最主要的功能特征进行了论证，全面阐释了大数据具有的预测、比较和实时监控等社会管理方面的特征，已经得到许多业内人士的认可，形成了理论与实践的完美结合。

“得人者兴，失人者崩”。互联网领域是人才聚集地、资源富集区，“懂数据、会分析”的复合型人才缺乏是当下国内外面临的共同困难。彭作文先生“不唯学历、不唯论文、不唯资历，突出专业性、创新性、实用性”，广招天下“弄潮儿”，面对网络大世界、数据大时代、舆情大系统，推出创新巨著，传递新思想、新知识，新经验，堪称互联网领域的“怪才、奇才”。

“饥读之以当肉，寒读之以当裘，孤寂而读之以当友朋，幽忧而读之以当金石琴瑟也”。读其所著，体悟于心灵，修化于品行，践行于世事，服务于社会，可谓经世致用也！

甘肃省社会科学院研究员 熊俊贵

序一

数据为伍的创业者

熟悉我的人都知道我是一个空中飞人，大学毕业后在报社工作，自然是飞来飞去，从报社下海后又选择了创业，早期创业非常辛苦，既当爹又当妈，还得当孙子，比在报社时飞得更多。

航旅纵横 APP 的大数据分析：我的 2015 年飞行里程达 207 291 公里，340 小时 45 分钟，飞行 156 次，飞行里程超过 99.5% 的用户，点评“登峰造极，您就是为飞行而生的”。其实我很感谢我的每次飞行，飞得越高，我越兴奋，越有灵感。飞行中，我要么速读一本书，要么完成一件重要的事。《大数据分行业大解析》这本书，对我来讲非常重要，我将这本书的自序也安排在 2016 年中秋回家的飞行途中完成，来回顾我的创业之旅，也回顾我与数据的一生情缘。

上大学时我就极其不安分，既要上学，还得打工养活自己和弟妹妹，大学四年基本都是早上六点起床，晚上宿舍关门前才回到寝室，周末则在校外打拼，干的事情很多：带群众演员演《还珠格格》，创办电脑学校自封“校长”，办份北京高校内部刊物——《塔内快讯》，刊载一些培训、考研的广告，然后安排兄弟们一个宿舍一个宿舍的派送。学的是信息专业，大部分同学能做个网页，最厉害的是睡在我上铺的兄弟，居然会编程，在我看来他就是神。都快大四了，我尚未写出一个能满屏幕按指定轨迹飞的飞机（这可是我们学编程的第一个实例），平生第一次开始怀疑自己，一片茫然。刚从国外回国的宋铁英老师上我们的课，不是要求我们编程，而是要求我们对一个项目做 PPT，并且还要登台讲解，作为一个理科中的文科生，终于轮到我大显身手了，于是那门课成了我的最爱，宋老师也成为我的恩师，宋老师也改变了我对专业的看法：信息化专业不只是编程、算法，还可以有项目管理、产品策划，她特别强调“数据”与“信息”的价值，我清楚地记得，她说未来能把“数据”与“信息”的价值激活与运用的人，将有更大的前途。那天我回到寝室彻夜难眠，反复回味宋老师的话，天亮之前终于有了决定：编程是干不了了，但还是要在信息化行业“混”（宋老师说这是未来最有前景和“钱”景的行业），那在信息化行业做什么呢？只有两条出路，要么是管编程的，要么是搞数据的，就这么定了。现在想起来，1999 年的时候，电脑用的都还是 386，网速比蜗牛还慢，宋老师就对数据和信息有如此洞见，让我特别敬佩。后来宋老师当了我们学院的院长，只带博士和硕士，前几天教师节，十几位弟子去拜访恩师，我是唯一的一位本科生。

自那之后，我再也不去带人演群众演员了，不用让兄弟们在抗战片中趴在雪地上冷冷地装死，正式回归到信息专业中来，满脑子都是数据与信息。大四以后，从隔壁的清华、北大找了四五个人，用我搞电脑培训赚来的钱开始开发搜索引擎，模仿 Yahoo 的搜索，导航目录、爬虫、索引都做，记得兄弟们第一次把北大的 BBS 数据复制到自己的硬盘后，四五个兄弟在五道口的一家小饭馆，啤酒配煮花生喝了个通宵，隆重地庆祝了一番，醒来后摇摇晃晃地回到校园。这一天，我把我在论坛上的网名（马甲）取名为“中国数据哥”。后来这套程序居然用上了，联想当时投资了一个门户网站叫FM365，经软件贩子若干倒手后，卖给了FM365，那时逢人便吹：“看没，那是我带人开发出来的。”这应该是国内较早的搜索引擎，尽管不成熟，但也算是我的处女作，最主要的是软件贩子（现在已经改名叫集成商了）给了我一张支票：20万元，我用来付了两套房子的首付……

毕业后我没有选择去软件公司，而是选择去报社搞数据库、信息化，算是换另外一个角度玩“数据”和“信息”，2003年曾放弃猎头用高薪挖我去百度搞搜索引擎，就这样与全球最大的中文搜索公司擦肩而过。

数据带给我财富的同时，也给了我极大的满足感！

2006年参与了北京奥运会的涉密项目，从2006年4月一直做到2008年10月，让我全面感受了数据的魔力，也系统性地完成了产品的架构，数据的采集、分析、串并、BI、可视化等，当各种数据最终呈现在大屏上是如此唯美，当各种数据最终被线下应用于各种实战时，简直令人叹为观止，我再次把自己这辈子的工作锁定为数据为伍。

完成这个项目后，心生创业的念头，家里人全部反对，我以休假为名，用一月的工资4 700元创业，如果创业成功就继续创业，如果一月把4 700元花光了，就继续老实地回去上班。幸运的是，在一月内接到elong网廖总的项目，又是做数据，那时elong和ctrip竞争处于白热化阶段，我辅助elong采集ctrip、芒果网的酒店与机票价格信息，还采集各大航空网站的机票价格信息，为elong

做商业决策使用，据说 elong 根据这个分析结果，适当调整酒店价格，以比 ctrip 优惠 5 元的策略赢得了竞争。那时 qunar 还刚刚起步，同期还有陈华和吴世春创业搞了一个同类型的叫 kuxun 的机票比价平台。这一次收获了 26 万的收入，也是中科点击的第一份合同，当时完美时空的 Tony 拟投资 300 万元给中科点击，我觉得公司刚刚起步，尚不值钱，难以匹配，婉拒了 Tony 的投资，到今天这份只差我签字的投资协议还被我珍藏着，那代表 Tony 对我的认可，对数据产业的认可，这是一份信任和强心剂。又是数据的运用让我顺利启航创业。

2008 年，我们采集挖掘新闻、论坛、搜索、博客等信息，率先开发了“网络舆情”系统，创建了“军犬”这个品牌，在国内开拓出“网络舆情”行业，引得众多软件厂商模仿学习，“军犬”舆情算是数据在情报领域、媒体监测领域运用的典范。

“军犬”这个品牌的名字也是我在一次飞行中想到的：搞数据、搞情报，必须稳、准、狠、快，对数据必须嗅觉灵敏，才能对数据本身和价值预判感知，嗅觉灵敏最有代表的就是“犬”了；除此之外，搞数据、搞情报还得忠诚，能“精忠报国”，所以取名“军犬”。

2015 年，国务院印发《促进大数据发展行动纲要》，大数据一夜之间遍地开花，我们才醒过神来，一直以为是在搞信息化，原来是在搞“大数据”。又一次飞行途中，我和作涛商量，大数据一定得让数据“智慧”起来，于是又有了中科点击的另一个大数据品牌“慧数”，定位于做行业大数据应用，“慧数”——晓数据知行业。2016 年 5 月参加贵阳数博会，贵州省相关领导和参会嘉宾对于中科点击定位于做分行业大数据高度认可，中科点击正式全面拉开大数据在各行业、分领域、垂直化地应用。到本书截稿之日，中科点击以每投入 10 人、100 天、100 万元孵化一个分行业的速度打造了

10 个大数据应用平台，其中两个平台两月之内各获得 1 000 万元的天使投资。

成长的路上，一直与数据为伍，是数据成就了我，成就了中科点击，我心怀感恩于这个时代，这个属于大数据的时代。这一年来，我一直关注与研究大数据的应用，致力于大数据真正深入落地——政用、商用和民用，来促进社会治理、企业发展、服务百姓生活。于是借用本书，将大数据的分行业应用进行剖析与分解，权当抛砖引玉，与创业朋友探讨交流，基于数据的应用，碰撞出更多的火花。

2016 年 9 月 15 日 18 点 20 分，飞机将降落在深圳宝安机场，今天是中秋节，透过飞机舷窗，远远看到了明月，这样的夜空，应该用哪些数据来刻画呢？天宫二号也将于中秋之夜奔赴太空，中国迈向空间站时代，这些数据，这些历史又应该怎么被记录，怎么为后人应用？我又沉浸在自己的数据世界中。

一切皆数据，我是数据哥，数据为我魂！

彭作文

2016.9.15 日于 CA1357 航班

让大数据为我们服务

数据古已有之，只是没有任何一个时代如此“全球热恋”。

世上本没有“Big data”这个词，炒的人多了，便热起来。

从结绳记事到甲骨文，从竹简到帛书，从手抄到活字印刷，从现代印刷到计算机，从 PC 时代到移动互联网时代……数据从来都没有停止过，也从来都没有离开过我们的生活。它存在于一朝一夕，一举一动中，存在于世界的每一个角落。

正如有人的地方就有江湖一样，有人的地方就有数据。

当我们走进学校去读书求学，就产生了教育大数据；当我们走进餐馆去吃饭，就产生了餐饮大数据；当我们网购的时候，就产生了电商大数据；当我们去种地的时候，就产生了农业大数据；当我们出行的时候，就产生了交通大数据；当我们网上找对象的时候，就产生了婚恋大数据；当我们买房的时候，就产生了房屋大数据；当刮风下雨的时候，就产生了气象大数据……处处皆数据，数据无处不在。

我们吃过的每一顿饭，喝过的每一杯水，走过的每一个地方，说过的每一句话，见过的每一个人，读过的每一本书，打过的每一个电话，发过的每一条信息，爱过的每一个人，甚至每一场风花雪月的故事，都是大数据的组成部分，都构成了我们每一个人的“个人数据”。毫不夸张地说，每一个人的一生就是数据的一生。

也许有一天当我们死了，墓志铭只有一个简洁的二维码，扫一扫便是我们的一生。我猜想，当我的后人扫我的墓志铭，就能知晓我的一生：先父刘宇航，生于1986，一生放纵不羁爱自由，喝酒骑马走天下，生性狂放，好为文章……如果能借助正在兴起的VR技术，我的一生就像是一部纪录片一样呈现在我的后人面前，这是不是一件很酷的事情？换句话说，一部《史记》算不算是一个牛气哄哄的大数据产品？

别迷恋概念，一切皆平常

从互联网+到+互联网，不管炒得多么火热的概念，都没有改变人类只有吃饭才能活下去的事实。在没有大数据这个概念的时候，人类其实早已经在应用大数据，只是“只缘身在此山中”罢了。每个人都在说大数据，这似乎是一个很时髦但又很有距离感的词。但是，你知道吗，你的每一个行为，都将运用到大数据，也都将组成大数据的一部分。

大数据并不神秘，就像吃喝拉撒一样，再平常不过

让我们暂且忘记那些虚无缥缈的概念，真正考虑大数据如何具体产生商业价值，如何被我们用在生活中，才是真正的王道。

一切新的东西终将会变成平常之物，一切平常之物也终将会变成历史，掉进尘埃里，被时间淡忘。我相信大数据也逃不脱这样的命运，只不过我们处在一个什么样的时代，就会做什么样的事，在对的时间做对的事，一切都是再平常不过的事了。当我们想清楚了这些，我们会突然发现，大数据不再是高高在上的神。

就像我们的祖先刚开始时以捕猎为生，吃生肉，但是有一天突然发现食物还可以烤熟了吃，这是不是很新鲜的事情？但是现在我们觉得吃熟食是再平常不过的一件事情而已。

大数据不是我们吹牛时的谈资，也不是我们自我标榜的符号。做大数据应用也不是刻意去搜寻一大摞数据来堆砌。一切重在应用，如果我们认识不到“大数据”是为总结规律或证明结论服务的道理，而被不知所云的“大数据”概念唬住，那就会导致我们走入歧途，结果必定是搞出满篇花里胡哨的数据，却言之无物，令人看了昏昏欲睡。

因此，我们不会谈那些人云亦云，高高在上的概念，也不会迷恋于无法落地的理论。本着让数据干点实事的初衷，我们结合自身的实践与观察，来写这本书。让数据为我们所用，让数据为产生价值，走进普罗大众的心里，而不再是虚无缥缈，神乎其神的概念，也不再是忽悠人的说辞和道具，我相信这一天会很快就会到来。在这本书里，我们所讲到的都是我们亲身实践或者被市场验证过的事实。事实上，我们不能让每一个人成为大数据的专家，也许只会给你一点在大数据应用过程中的启发而已。

我认为真正将大数据落地做应用的人，更加值得尊重。就像中国的每一个古老的行业，真正让普罗大众受益的都是那些潜下心来的手艺人。

让大数据走进生活，为我们所用

不应该对大数据膜拜，应该去征服它，利用它，为我们所用。当有一天我们觉得大数据并不神秘，并不高深的时候，就像是现在我们对互联网的感觉一样，才算是大数据真正深入人心，真正为人人所用。

本书就是从我们所处的商业、生活等各个方面来解读大数据带给我们的改变，用事实说话，也当抛砖引玉，引出人们对大数据应用的更多思考。

刘宇航

2016 年 9 月

何为大数据

“忽如一夜春风来，千树万树梨花开”，大数据之花已然开遍了神州大地，开遍了全世界，成为一股不可阻挡的洪荒之力。

大数据是当今公众津津乐道的一个热词，人们纷纷在探讨大数据所带来的科技进步及所蕴含的巨大价值，甚至有人把大数据形容为未来世界的石油，未来的黄金。更有人宣称掌握了大数据的人，就可以像上帝一样来俯瞰整个世界。那么，到底什么是大数据？它将带给相关产业以及普通公众什么样的影响？

因为工作的关系，我经常参加一些关于大数据的论坛与活动，有一次在成都演讲后，有一位创业者跑来问我什么是大数据，尽管我几乎阅读了所有国内有关大数据的所有书籍，以及互联网、自媒体上有关大数据的论著和文章，但我差点被问住了，现场颇有些尴尬，我也只能用“海量多维集合”+5V来草草作答，我能感受到这位创业者一脸不知所云的状态，我顿时感觉到，大数据要普及、创业者要运用大数据创新创业，还需要将大数据的定义、原理、逻辑、应用深刻地理解后，深入浅出地转换为寻常百姓能听得懂，看得明白的内容。

不要说是普通的门外汉，即使对从事大数据这个行当的人来说，要用一句话很精练又恰到好处地来说明大数据是什么，也是勉为其难。也许有人说，大数据本就是一门高深的学问，一门尖端的科技，注定只有少数人能懂，不需要所有人都明白，这也许就目前来说有一定的道理。但是新鲜事物终会变成平常之物，正所谓太阳底下没有新鲜事，也许再过几年，大数据就如同现在的互联网、移动互联网一样，变得再平常不过。所以有必要，给大数据下一个人人都能听得懂的定义，让数据走进生活，让数据走进大众视野。

就目前对大数据的定义而言，更多的是从数据本身以及技术层面的解读。行业术语称为巨量数据集合。麦肯锡全球研究所给出的定义是：一种规模大到在获取、存储、管理、分析方面大大超出了传统数据库软件工具能力范围的数据集合，具有海量的数据规模、快速的数据流转、多样的数据类型和价值密度低四大特征。

不管是行业术语还是麦肯锡全球研究所给出的定义，都是从大数据本身出发，从数据的特征与处理解读，对于一般人来说是比较难以理解的，也不便于流传和记忆。大数据成为一种趋势，必将成为一种生活和商业模式，这是毋庸置疑的。所以，我时常在想，有没有一种定义能够让普罗大众很清晰明白地感知大数据，让即将进入或者有意从事这一行业的人直观地了解它，走近它。对此，在长达两年的时间里，在做产品的过程中，我们一直在思考推敲这个问题，在心中打磨大数据应该是什么样子，怎样才能被普通人乐于接受和传播的定义。

大数据之所以大，是因为要处理的数据量从样本数据变成了全量数据，从存量数据变成了流式数据，人们不得不接受数据的混杂性，而放弃对精准性的追求。从数据价值来说，不管是现在还是未来，数据已经是一种战略性资产，更是一种生产资料。而大数据的价值不单单体现在数据本身的价值，更体现在数据的关联分析上，是一个系统性的工程，而不是一堆数据的简单集合。

我们在内部通过反复的推敲，到底怎么讲大数据才能被非大数据行业的人有感知性的认可，这令我们头疼了好长时间。我们通过不同的表达方式给行业内的人和行业外的人宣讲，试探他们的回应。换过不同的版本，最终提炼出大数据全新的商业定义：

大数据是以海量多维数据为资产，价值挖掘为导向，集合信息技术、数据科学、数据思维、数据能力、数据应用的数据工程体系。

大数据改变了我们的思维方式，这种改变由被动改变和主动改变相互交织，外在与内在共存共生，在某种程度上，大数据促进了商业生态系统的重构。

我们给出的大数据的这个定义，这里面包含了以下几层大数据属性：

（1）大数据是海量多维的，而不是小数据或单一数据；

（2）大数据是战略性资产，而不是记录的符号，我们将数据视为资产，而不只是被储存的数据本身；

（3）大数据不是数据的简单粗暴整合，而是充分挖掘数据的价值并加以运用；

（4）大数据是一项技术工程体系，更是一种思维模式，就像互联网之于“互联网思维”，大数据的衍生意义在于“大数据思维”，代表人类通过数据而非现象去透析本质的思维模式；

（5）大数据必须具备采集、存储、管理、分析、计算的能力，才能释放其所拥有的价值；

（6）大数据重在应用，真正优化、改善、提升人类服务，而非是人类的负累，也不是信息技术行业为了标新立异提出的一种概念、口号。

（7）大数据是一个综合的工程体系，而不是一个单一的信息技术、数据科学。

大数据定义，要准确把握大数据的概念内涵外延。虽然大数据具有大量、海量的特征，但这只是一种相对的计量方式，大数据不等于简单的大规模数据，大数据强调的是对某一领域相关数据采集结果的覆盖面，强调数据的完整性和全貌性。另外一点是不能将大数据与数值化、数字化数据混为一谈。数据是信息的表达，信息是数据的内涵，而数据就是信息的最主要表现形式和载体。它可以是符号、文字、数字、语音、图像、视频等。数值化数据，仅仅是数据封装形态的一种，是较为初级的数据形态，其呈现方式多为数字、符号、图表等。

当然了，我们总结的大数据定义都是建立在大数据特征之上的，即数据的 5V 特征：Volume（大量）、Velocity（高速）、Variety（多样）、Value（价值）、Veracity（真实性）。也就是在一定时间范围内用常规软件工具进行捕捉、管理和处理的数据集合，是需要新处理模式才能具有更强的决策力、洞察发现力和流程优化能力来适应海量、高增长率和多样化的信息资产。

大数据的战略意义不在于掌握庞大的数据信息，而在于对这些含有意义的数据进行专业化处理。大数据的意义不在于数据本身，而在于对数据的分析与应用，从而释放出数据所蕴含的巨大价值。换言之，如果把大数据比作一种产业，那么这种产业实现盈利的关键，在于提高对数据的“加工能力”，通过“加工”实现数据的“增值”。大数据最重要的是为国所用，为商所用，为民所用，这是根本，也是数据价值的本质。

一方面，大数据在解决我们现有的需求，释放数据的价值；另一方面，大数据又会创造新的需求，创造更大的价值，因此合理运用大数据，以低成本创造高价值，正是大数据的价值所在。

只有弄清楚了是什么，我们才知道去做什么。每一个行业都需要有人不断地去探索，不断地去试错，不断地总结经验和教训，供后来者参考和借鉴，甚至超越。每一个新兴的行业都是从模糊开始，逐渐变得清晰，逐渐变得高度垂直，大数据行业也不例外。就目前来说，大数据商业应用才刚刚开始，整个大数据市场还处于教育和普及阶段，完全没有达到成熟的阶段。所以，向市场、向民众普及大数据的知识是有必要的，也是必然要经历的一个阶段，只有当别人理解你，认同你，才会买你的账，才会和你产生价值连接，创造更大的价值，才会推动大数据这个新兴的行业不停向前，不断进步。

“雄关漫道真如铁”，大数据就如一场革命，但是这场革命才刚刚开始，需要我们每一个人为之探索，为之痴狂，才能挖到隐藏在浩瀚数据里的珍宝。

无论你接受还是不接受它，大数据就在那里，不近不远。大数据已经在我们的生活当中，给我们的生活带来了巨大影响。一方面，我们要加强个人隐私的保护；另一方面，也要充分拥抱大数据给我们带来的变革，享受它给每个人的生活带来的便利。

对于整个数据链来讲，大数据有其自己的数据生态，处于底层的是数据资产，整合数据，解决数据来源；处于中间层的是大数据能力，解决数据怎么做；处于顶层的是大数据应用，即数据做什么。这三层构成大数据的整个生态体系，而我们要做的大数据应用，也是本书重点探讨的方向。

我们为什么要做大数据应用？因为在大数据行业，只有应用才能产生更大的价值，只有应用才能创造更大的价值。不管是有多少数据，有多厉害的技术能力，但是不做应用，不为国家、为企业、为民所创造价值，改变人们的生活，都等于零。所以我们选定了大数据应用这条路，并且是矢志不渝地坚持下去，致力于通过应用，为这个世界，为社会，为民众改变做一些力所能及的事情，这是我们的初衷，也是我们的梦想和目标。我们相信会有更多的人参与到这项伟大而又神奇的事业中来，并为之奋斗终生。

作者

2016 年 9 月

申明：本书在写作中引用了部分网络文字及图片，如有不妥，请与我们联系。

目录

PART 1　通路篇
大数据商业应用通路

PART 2　现状篇
大数据应用现状洞察

PART 3　政用篇
大数据在政务中的应用

PART 4 商用篇
大数据在行业中的应用

PART 5　民用篇
大数据重新定义我们的生活方式

PART 01
通路篇

大数据商业应用通路

第一章

从发现价值到创造价值

1.1 大数据应用的美好蓝图

这是一个巨变的时代，大数据的崛起，改变了人们的思维方式，也改变了对世界的重新认识。几乎在一夜之间，所有人都在说大数据，所有人都在做大数据，貌似不懂得大数据就像是错过了整个时代。然而，不管是有意或无意间的炒作，还是大数据确实具有不可预见的“洪荒之力”，喧嚣过后，终究要沉寂下来，口号是解决不了终极目的的。只有用起来，大数据才会真正显现出它前所未有的价值。我们不禁要问，如此神秘莫测的大数据，究竟隐藏着哪些鲜为人知的力量，包罗着哪些不可预见的价值？

大数据不是童话，也不是科幻故事，它是真真切切存在于我们的日常生活中，存在于我们的生产与商业中。当你真正走近它，才

会渐渐看清它，没有童话里浪漫，也没有故事会好看，甚至有些枯燥，有些繁复。爱讲故事的“大数据”往往都是骗人的，正所谓“纸上得来终觉浅，绝知此事要躬行”。

毋庸置疑，大数据正在成为社会中最有价值的资源体之一。它不为人所见，却又无处不在。在每一个行业，每一个部门，都会有大数据的“上帝之手”存在。交通部门通过它分析出实时路况；证券机构利用它预测股市走向；搜索引擎利用它构建用户画像，实现精准营销；电影院线用它来排期……

大数据在影响生活方式的同时，也改造了企业；大数据在满足了社会需求的同时又会产生新的需求，创造新的商业模式，已经成为新经济的符号，甚至上升为国家战略。

然而，说一千道一万，大数据只有用起来，才会产生无穷大的价值，才会释放出更多的能量。虽然我国的大数据应用还处于初级阶段，但是对我国经济转型发展具有深远的意义，大数据应用产品的开发与运营，也成为许多科技公司在新一轮竞争中“弯道超车”的机遇和挑战，乘大数据风口浪尖的东风，会有一大批大数据公司在分行业应用中脱颖而出，成为行业中的独角兽企业。

庆幸的是，我们正迎来一个数据爆炸的时代，这是我们的机遇，也是我们的挑战。错过了互联网时代，又错过了移动互联网时代，现在大数据的理念已经如火如荼，隐约间，所有人都觉得机会来了，人人都想在这个风口里淘一把“金”，然而如何通过大数据应用真正实现商业价值？也许你正面临着以下困惑：

做大数据应用，必须明确的四个问题

Q1 概念有用吗？

当所有人都在谈大数据的概念，但我们要搞清楚的是如何将大数据应用和真实的业务场景结合，让大数据真正发挥作用。

Q2 数据有用吗？

几乎所有的企业在多年的运营过程中都会积累很多数据，但是这些数据哪些有用，哪些没有用，在每一个人心里打了一个大大的问号。如何用这些数据，来帮助企业实现业务改进，创造新的商业价值，是摆在我们面前的又一个问题。

Q3 数据怎么整合？

也许你会问，企业的各种数据散落在不同系统中，各自为政，互相割裂，如何才能打通这些数据孤岛，把它们汇聚在一起，清洗和挖掘应用。

Q4 需要什么数据？

企业实现大数据应用，如何获取有用的数据，需要采集哪些过程数据，需要哪些外部数据，这是数据来源问题。

所以，我们需要规划。

行业大数据应用，需要规划的四个蓝图

任何一款大数据应用产品，必须得有一种很清晰的商业模式，而且这个商业模式定是基于具体应用场景。脱离应用场景的商业模式和大数据应用产品都是自娱自乐，也是无源之水，做出来也只是自欺欺人的做法。所以，从一开始，我们就得重点规划四个蓝图，这四个蓝图互相支撑，互相掣肘，形成了一个完整的大数据应用产品体系。

1. 应用蓝图

创新是任何商业应用的生命力，大数据应用产品也不例外。我们要从商业模式创新和业务价值链两个层面识别大数据的应用价值点，规划出我们要做的大数据产品的应用蓝图。也就是说一开始，我们就要很清楚明白地知道要做什么，要达到什么目的，解决哪些实际应用问题，实现哪些价值，以及刻画出我们的产品应用场景。

2. 数据蓝图

应用蓝图是目的，但是对于大数据应用产品来说，数据是基础工程，所以就必须得建立数据架构，明确不同数据采集策略，这是我们建立数据蓝图的先决条件。数据量是庞大的，并不是所有的数据都能为我所用，所以应该有所为，有所不为。一块一块梳理对我们有用的数据，与我们相关联的数据，能够为我们所用而又能产生价值的数据，这是关键。数据又分为不同的类型和不同的维度，这就需要我们对数据进行精细化管理，最大限度地释放出数据的价值，找到最有价值的数据。

3. 技术蓝图

在应用蓝图的指引下，在数据蓝图的支撑下，当然最终还得用技术来实现。这就需要我们规划出我们的技术蓝图，明确大数据技术架构，指导大数据平台工具的选型。就目前而言，大数据底层技术已经很成熟，我们只需要去用好它，最常见的是基于 hadoop 生态平台，以及数据采集、管理、语义分析、可视化等大数据处理技术。但是我们需明白一点，任何技术的领先都是暂时的，不是最终的门槛，形不成永远的竞争壁垒，我们能做的是利用好现有的技术，构建适合自己的技术生态体系。

4．运营蓝图

任何一款商业化应用，最终都会投入运营。产品做出来只是完成了 0 到 1 的过程，而运营是长期的过程，也是使产品价值成倍放大，促进产品价值转换和变现的过程。所以，建立支撑大数据应用的长效治理体系尤为重要。对于运营人员来说，我们首先要清楚运营需要面向的对象，是 B 端用户还是 C 端用户，用户对象不同，运营的策略也会不同。就目前来说，大数据主要是应用于商业领域，也就是 B 端用户居多，由 B 端带动 C 端也不失为一种可行的策略。

我们为什么要做大数据分行业应用，它究竟可以为企业，为政府，甚至为个人带来哪些更多的价值，这是在我们在策划大数据产品之前必须要想清楚的问题。

在大数据分行业落地化应用的过程中，通过反复的实践与积累，认为不管是大数据还是任何 IT 产品，一定有它的一个最关键点，核心就是价值。我们要牢牢抓住这个价值，才不会跑偏。有时候我们做一款产品，费了九牛二虎之力来做，但是做到最后才发现没有任何意义，越做越没有意思，那是因为我们在做之前没有想清楚产品的核心价值，在做的过程中才慢慢想明白了，但是为时已晚，我们已经做了太多的无用功在这款产品上。轻则可以调整方向，重则要推倒重来，这样得来的教训所付出的代价实在是太大了。

不管是从宏观还是从微观来说，我们认为大数据分行业应用的价值主要体现在以下三个方面。

（1）基于大数据应用创新企业商业模式，推动传统产业的转型升级。

（2）通过大数据应用实现产品与服务创新、运营优化、精准营销、风险预警、决策支持等，将大数据有效转化为商业价值。

（3）形成企业可持续积累的数据资产，建立大数据领域的竞争优势。

在之后的文章中，我们将重点从大数据商业应用场景与经典案例剖析来挖掘做一款大数据产品的方法论。

1.2 数据从哪里来

做大数据应用时，有 DDA（数据驱动应用）模式，也有 ADD（应用驱动数据）模式，无论哪种模式，首先是要确定：“数据从哪里来？”

当今世界，大数据无处不在，它影响到我们的工作、生活和学习，并将继续施加更大的影响。当做一个大数据项目时，我们首先要考虑的是需要哪些数据，然后再想清楚数据从哪里来，这是我们做一款大数据应用产品需要解决的问题。没有数据就无从谈起应用，没有数据的应用也只是空中楼阁，镜中花，水中月。

没有数据做支撑的产品只是一具空壳。对于大数据行业来说，数据不是万能的，但是没有数据却是万万不能的。

数据存在于浩瀚的互联网中，数据存在于复杂的业务系统中，数据存在于运营商的线路中……我们吃过的每一顿饭，说过的每一句，走过的每一个地方，看过的每一本书，买过的每一件东西，刷过的每一条微博，回过的每一条帖子，去过的每一个酒店，飞过的每一次航班……都将成为数据，所有的一切一切汇聚在一起就是我们想要的数据。看似无用的东西，一直被我们忽略的东西，现在才发现它们竟然变得如此有价值。

数据的“四即”原则：

- ◆ 数据即资本。
- ◆ 数据即资产。
- ◆ 数据即资料。
- ◆ 数据即资源。

数据的类型有很多种，根据不同的维度，可以分出多种类型，这里我们不再一一赘述，就从应用而言，我们在做一款大数据产品的时候，通常会从以下三个方向去考虑数据来源，这也是我们在长期的实践中抽丝剥茧，化繁为简总结的方法。也许不是那么太“专业”，但是往往很实用，可谓屡试不爽。

1. 开源数据

开源数据包括了互联网数据、移动数据网数据，互联网平台和移动互联网平台通过采、编、发或者通过用户互动产生的数据，公之于众，供网民或用户访问、浏览。

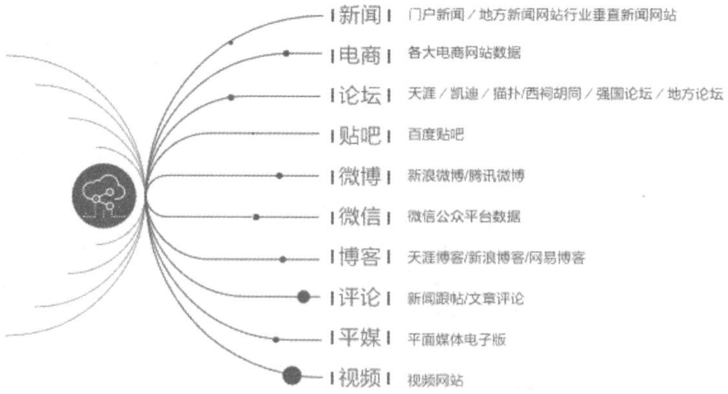

互联网和移动互联网蕴藏着丰富的公开数据资源，通过获取这些数据，可以作为行业应用开发的有力支撑。这些数据散落于大大小小的各类网站以及手机应用中，包括门户网站与垂直网站，以及电商和社交媒体中，甚至政府政务公开数据以及地图数据。

各互联网网站和移动互联网平台、APP，大部分都只关注于其行业属性与业务属性，如果合理利用大数据，将产生一个新的增值业务和新的利润增长点。

2. 业务数据

业务数据产生于各单位的信息化系统中，尤其是内部的信息化系统，我们统称为业务系统。在目前的单位业务系统中，存在于单位的 OA 系统或者 CRM 之中，其中蕴含了大量的工作数据和交易数据，以及客户管理数据，包括交易数据、流水数据、记账数据、借款数据、贷款数据等业务数据，这些数据构建了每天的系统日志，同时又是账户余额、信用额度、购买能力等的有力补充，这些数据不仅对生产系统起到计费支撑作用，同时也是用户（银行客户、电力客户、担保公司等）进行相关决策的重要基础，所以目前很多单位需要对这些数据进行查询统计和分析。

国内的信息化建设已有20余年的历史，比如政府的电子政务、平安城市、智慧城市的建设，比如企业的企业信息化，一直在建设，一直在升级，沉淀和积累了大量的数据。而这些信息化建设，更多是从“工作流”的视角出发，是时候从“数据价值”的角度出发，以大数据应用为切入点，再次激活这些应用，释放这些信息化建设的价值。

3．线路数据

无论是互联网还是各种内网，任何的网络行为都需要经过“线路”进行链接和交互，而在这条线路上，要经过无数的路由交换得以完成，这条线路在完成链接的同时，也记录与存储了大量的数据，我们统称为线路数据。

国内拥有线路数据的主要是电信、联通、移动等运营商，以及围绕通信运营商的 IDC 机构等。

除了电信运营商，还有路由与交换的各种设备商，也拥有丰富的线路数据。

从有线到无线，从无线到桌面（端），无线 Wi-Fi 也是一条复杂的线路，流经线路的数据也可能被存储、解析、还原。

通信企业拥有的大数据主要来源于互联网、移动互联网等，以非结构化为主，构成更全面数据源，如上网行为数据、网上交易数据、位置数据、网管数据、信令数据、微博数据、即时通信数据、网页、传感器数据、音频数据、视频文件、图片、日志、实时监控视频等。

对于移动运营商来说，作为数据管道，本身拥有众多的数据资源，具有天然的优势，更应该利用大数据挖掘，为移动运营带来更多的竞争优势。大数据可以助力移动运营为用户提供更好的体验；降低运营成本提升运营效率；带来新的增长点以及更多的业务机会。

运营商的数据管道是一切互联网的基础，由此打造的“网络入口”使得运营商可以获取互联网上几乎所有的信息。由于手机实名制因素，运营商大数据具有准确性高、地域全覆盖、业务全覆盖、时间连续性好等优点。

数据来源还有很多，从不同的维度来分又可以分出多种类型，但仅从数据应用的角度来讲，这三种数据来源给我们指出了一个寻找数据来源的方向。

1.3 四个环节，看懂大数据产业链

大数据产业链可分为大数据采集、大数据管理、大数据分析和大数据应用四个环节。这四个环节层层递进，贯穿整个数据生命周期过程。大数据产业能够催生更大的市场和利润空间，将构建数据行业应用新体系。在这个产业链中，不同环节的商业需求正在催生新的运作方式和盈利方法，从而发现新的商业模式。

1. 大数据采集

大数据采集是大数据产业链的底层基础。数据采集环节是指对政府单位或者企业的内部经营数据、内部管理数据和外部的用户行为数据，以及一切相关联的互联网公开数据进行挖掘、整合的过程。大数据采集对进一步做大数据管理、分析及应用有着最直接的支撑。

2. 大数据管理

大数据管理通过数据共享平台实现。数据共享平台主要由数据汇集、数据支撑、数据接入点三层组成，向下可以支撑数据采集层，向上支撑外部数据应用系统。数据管理师对采集整合到的数据进行数据存储和处理，将采集到的数据纳入数据聚合平台中，方便数据的输入和输出。并且利用大数据技术对数据进行加工和分析，挖掘潜藏在数据中的深度信息，实现数据的增值。

3. 大数据分析

大数据行业来说数据固然重要，但是数据之间的关联更加重要。因此要对采集到的数据的可用性和逻辑进行判断分析。对数据进行关联、分类、聚类等量化，形成可视化图表结果，只有通过分析才能获取更多智能、深入、有价值的信息。

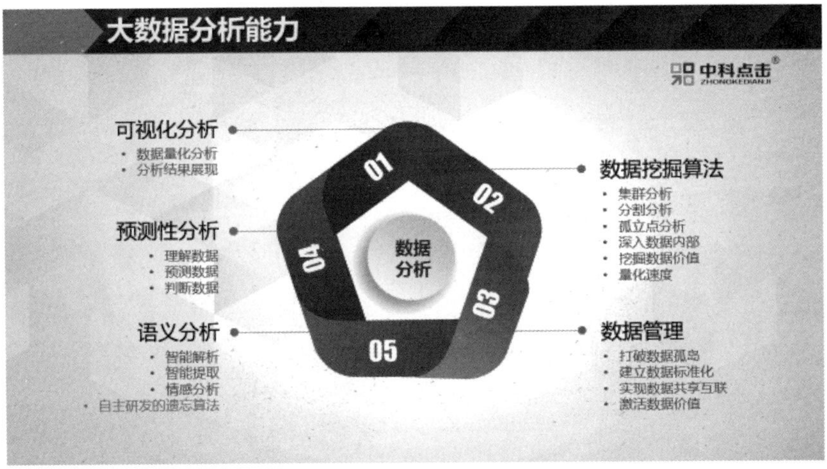

4. 大数据应用

大数据应用主要包括基础应用和行业应用。基础应用，比如数据可视化、数据安全、数据搜索等；行业应用则是结合行业特点、行业用户、行业需求策划的独特大数据产品。从应用模式来看，大数据应用分为对内应用和对外应用两类。对内应用指企业或者政府单位通过大数据对自身业务进行优化。对外应用主要指大数据的对外商业化，目前主要集中在对目标企业的增值服务和参与精准营销等。

1.4 大数据应用的商业模式有哪些

每一个新兴的行业都会衍生出很多种商业模式，每一种商业模式都能抵达成功，都有可能实现盈利，大数据作为一个新兴的行业，商业模式需要从事这一行业的人不断探索，不断优化改进，不断创新挖掘出有价值的商业模式。

大数据创业，不一定是大公司的专利，也可以是许多小公司或者创业型公司崛起的机遇。很多小规模企业，尤其是初创企业，通过大数据手段，能够“小而精”“快而准”地针对一个行业的实际需求，创造出改变行业格局，改变人们生产生活方式的颠覆性产品。

不管是数据采集还是数据分析，最终的目的都是为了应用，只有数据“用起来”才会产生更大的价值，这就涉及大数据应用的商业模式。商业模式是从数据出发，挖掘数据的价值，让数据产生更大的价值，让数据更好地为社会服务。从现状和环境来看，有六种大数据应用的商业模式可供参考。

1．企业数据自营模式

企业自身拥有海量数据和大数据技术，同时具备一定的分析能力，能够根据数据分析结果改进现有产品或预测未来，从而使企业获得利润的商业模式是企业数据自营模式。不是所有的企业都适用于这一商业模式，这一商业模式的成功运行建立在四个条件之上。

首先，数据来自公司内部，可以是生产经营信息或管理信息；

其次，拥有先进的大数据技术，能够对信息进行充分的挖掘和提炼；

再次，具备高效的分析能力，能够对数据分析结果进行准确评价；

最后，具备数据决策能力。

企业数据自运营模式的一个最大价值在于能根据分析结果进行商业决策，通过不断改进原有产品、推出新产品以及预测企业的发展方向使企业持续盈利。但是这种商业模式只适用于一部分企业，并不适用于所有的企业。这类企业基本上囊括了大数据产业链的各个环节，集数据生成、存储、处理和应用为一体，形成了良好的产业链循环体系。

2. 数据租售模式

数据就是资产。通过一定的媒介，将广泛收集、精心过滤的数据销售或者租赁给客户来获取报酬的方式，就是数据租售的商业模式。这需要企业具有强大的收集数据和整合萃取信息的能力，以此形成数据采集、信息萃取、价值传递的完整链条。

数据的租售模式，实现了数据的增值，使数据成为可供交易的商品，对于拥有海量数据的企业来说，具有天然的优势，只需要简单加工处理，就能获得较大的数据变现收益。

3. 数据平台模式

通过建立平台，实现数据的分析、分享和交易等功能，为用户提供方便快捷的个性化平台服务来获取利润。数据平台模式主要包括数据分析平台模式、数据分享平台模式和数据交易平台模式。数据分析平台模式是指通过灵活租赁的方式为用户提供数据存储、数据运算和数据分析的平台服务。数据分享平台模式是指平台服务商凭借其拥有的数据资产，为用户提供云数据库、数据推送、数据集成等服务，同时开放数据接口、提供开发环境，供开发者进行基于数据的应用开发从而获取利润分成。数据交易平台模式是指第三方平台提供商为数据所有者和需求者提供数据交换、交易的服务平台。数据分析平台模式要求用户掌握一定的数据分析技能，用户只需将数据上传到平台上，便可使用平台上面的分析工具进行数据分析。数据分享平台模式需要平台服务商具有强大的数据采集能力和分析能力，便可轻松运行。数据平台模式适用于技术创新型企业，因其拥有先进的平台技术，能够自如地利用平台进行数据处理和交易。由于这种模式是由技术驱动的，只要技术不断创新，未来将不可估量。

4. 数据仓库模式

通过整合所有类型的数据来为企业提供决策支持，从而获得利润，这种商业模式被称为数据仓库模式。这种商业模式通常需要具备决策支持工具和高素质的分析人才，以为企业提供分析报告和决策支持为目的，从而帮助企业实现智能化改进业务流程、成本、质量和控制。这种商业模式适用于决策型企业，帮助用户快速做出正确的决策，实现投资回报率的最大化。

5. 数据众包模式

数据众包模式是从大数据的角度出发，企业从创新设计领域切入，将产品设计转向用户，通过搜集消费者设计的海量数据，进行数据测评找到最佳的产品设计，同时借助社会资源提升自身的创新与研发实力。这要求企业拥有一定的创新能力和研发技术。这种商业模式适用于创新驱动型企业。其核心是用户创造数据，优势在于强调了社会的差异性、多元性带来的创新潜力。因其倚重“草根阶层”，大大降低了企业运营成本，还能使产品更具创造力和适应性。

6. 数据外包模式

数据外包模式是指企业将数据收集、数据处理等业务环节剥离出来，外包给专业机构，通过优化资源配置，降低成本增强核心竞争力。数据外包模式主要包括决策外包和技术外包。这种模式要求企业拥有一定的知识背景、先进的大数据技术和卓越的分析应变能力，能够游刃有余地解决各种类型企业的决策问题和技术问题。这种商业模式适用于经验型企业，它的优势不仅在于可以帮助用户缩短决策周期、缩减业务流程，更重要的是降低运营成本，可以使用户集中精力做核心业务，不断增强其核心竞争力。

1.5　四大盈利模式：大数据如何变现

在大数据行业，不管是任何一种商业模式，盈利才是最重要的，如何才能实现数据产品或者服务的变现呢？我们认为数据的应用过程，就是将庞杂的数据变得精细、智能化，最后让数据越小越闪光的过程。并不是说数据大才是大数据，数据大也意味着数据垃圾越来越多。大数据应用其实是价值凝聚的过程，在这个过程中找到闪光数据，并带给用户更多的价值，这才是最主要的。

从目前来看，大数据变现主要通过以下几种方式来实现。

1. 依托技术能力，为客户提供项目解决方案变现

这一种变现模式主要依赖于公司技术实力，以技术输出的方式

为客户提供产品研发和服务，提供外包式的解决方案。解决方案主要集中于智慧城市、公共交通、政务、反恐、环保、防灾等公共事业领域。大到国家部委，小到市县单位，以及各企事业单位招标的大数据项目从这些领域不难发现，招标额都是可观的，幅度从小到几百万元大到几千万元。因此，目前大部分的大数据公司都集中于这一领域，也是离钱最近的变现模式，至少可以保证盈利。

2. 为客户提供软件及硬件设施变现

大数据处理要经过数据采集、数据存储、数据管理等各个环节，都离不开硬件与软件的支持，要建立庞大的数据库，要用到采集软件，甚至要用到大数据管理一体机来做数据管理，这些都是大数据软硬件的应用和服务方向。

为大数据选择新的硬件、存储和其他数据中心基础设施，基础设施则是以技术为导向，包括数据库、数据工具、大数据引擎、软硬结合一体机以及借助数据做的 API 接口和 Hadoop 商业化版本等。

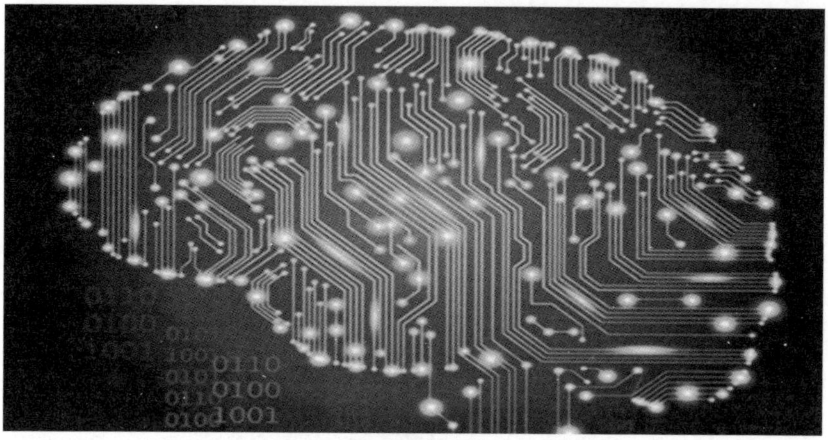

3．提供工具化产品，收费服务变现

大数据是一门综合的学科，需要用到诸如大数据可视化工具以及大数据处理工具等，帮助我们来更好地开展数据工作，更好地呈现数据结果。它是针对某一点需求出发，针对性开发出解决某一痛点的工具型产品，从而提供收费服务。比如精准推荐、个性化推荐、商圈选址、数据查询、信用查询等小而美的工具型产品，客户可以根据自己的需求，按需付费购买。

4. 提供行业数据洞察平台，通过收费服务变现

另外一种是开发行业大数据应用平台，是对某一个垂直行业的整体洞察，涵盖行业动态与法律法规大数据，用户口碑以及画像大数据，还有市场、品牌等全方位的数据整合，聚类分析和数据可视化呈现，为行业研究与企业决策提供全方位、多维度的决策依据。这是大数据行业应用体量最大的平台，也是产生较大价值的商业平台。

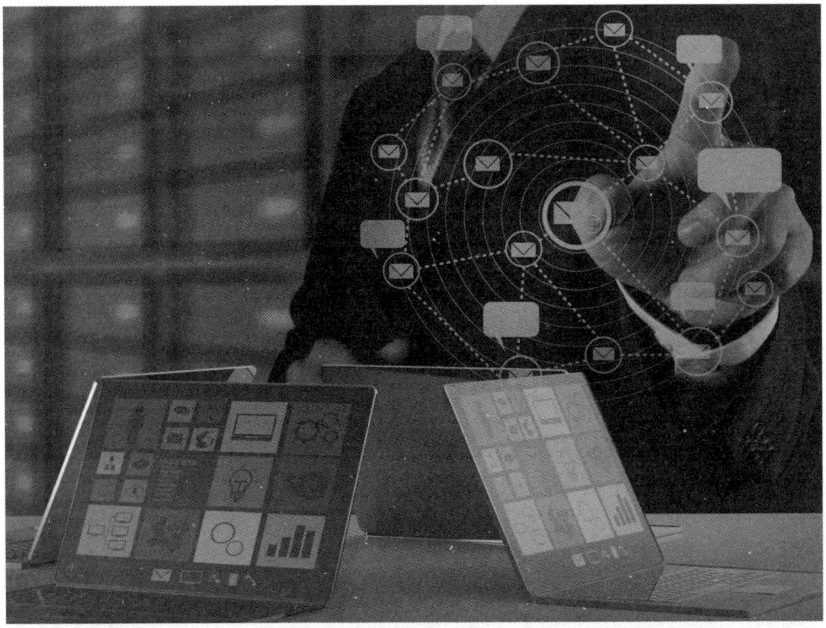

毋庸置疑，行业应用将是大数据产生最大商业价值的领域，也是覆盖最大范围数据的平台应用。大数据的技术越来越成熟，数据开发的环境也越来越成熟，数据收集和分析变得更加有利。无论是在金融还是在手机行业，还是在制造行业，包括人的衣、食、住、行、教育医疗各个行业，都可以是大数据盈利的方向，也是依托于传统行业和现有新行业去做落地化应用。

1.6 三大逻辑互相关联

每一款产品背后都有一套产品逻辑，大数据产品也不例外。作为一款成熟且成功的大数据产品，必须结合好三个逻辑，即：设计逻辑、商业逻辑和业务逻辑。只有将这三个逻辑互相打通，才算是一款完整的大数据产品。

1. 大数据产品设计逻辑

基于对市场、运营、产品形态、技术发展等方面的认知，然后通过这些认知，以及数据的分析，把它们相互关联和组合，再加上一些 idea，创造出新的产品，这是做一款产品的最基本的逻辑，这就要求产品人员拥有广泛的知识结构与创造力。

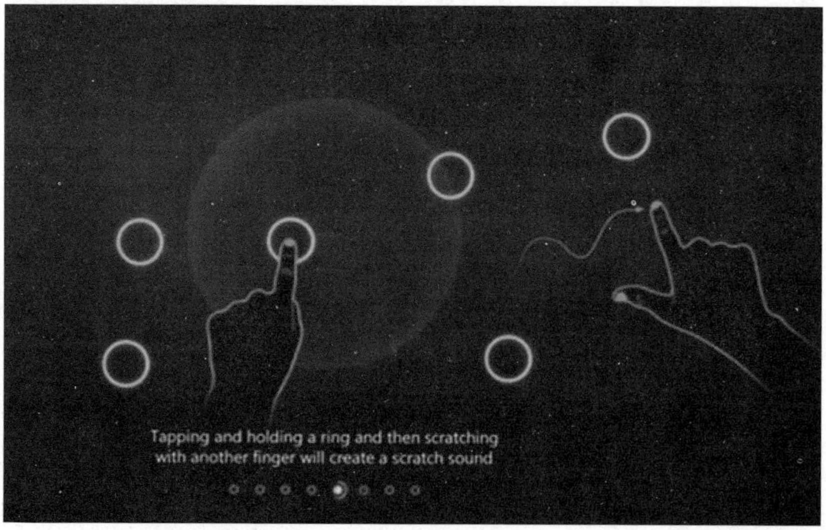

另外要打通产品各个功能模块以及数据之间的关系，能够保持在科学合理的体系之下运行，都能保持前端与后台数据实现顺利对接与交换，这是产品规划与设计时必须考虑的逻辑之一。

用户体验与审美是产品的另一个维度的逻辑，好的产品会让人一眼爱上她，这就是产品审美力的体现。让用户爱上一款产品如同爱上一个姑娘一样，一定是始于颜值，而陷于才华，忠于人品，止于失心，没有人会喜欢奇丑无比的产品。有些产品做得杂乱无章，让人不知所以然，体验糟糕透了，甚至有时候都不忍吐槽，说到底是产品逻辑没有厘清。事实上，用户体验与产品审美不是考验产品经理的艺术审美，而是逻辑思维能力，是让你的产品更加合理，更加科学，更加人性化。

2. 大数据产品商业逻辑

大数据产品设计逻辑是为了让一款产品怎样变得更加好用，怎样更加合理和更具科学性，是非“商业化”的产品思维，但是绝大部分的大数据产品做出来后都是要面向市场、面向销售的，这就要求产品在注重产品设计逻辑的同时，更应该注重商业逻辑。说到底是就怎样让你的消费者来“买”你的产品，怎样让他们愉快地掏腰包，怎样快速简单实现交易的过程。

大数据产品商业逻辑最主要是要考虑让消费者怎样在你的产品上花钱花得更加“溜”，尽可能地减少产品交易的障碍，如在线交易还是线下交易，支持哪些付款方式等，以及售后服务及帮助等功能的设计要符合消费者的习惯等。

3. 大数据产品业务逻辑

对于大数据产品而言，面向的对象主要是 B 端或者 C 端客户，即企业用户或者个人用户，对于现阶段而言，面向企业级用户的大数据产品偏多，埋单的也多是企业用户，个人用户相对较少。

对于企业用户而言，用你的大数据产品，主要是为了工作需要，帮助他们更好地工作，帮助他们更好地实现业务，所以我们所做的产品必然是对标于企业的业务以及使用部门。这就要求我们对用户的业务必须相当熟悉，通过产品去改变或者优化他们的业务，提高工作的效率或者质量，甚至提升业绩。如果用了你的产品反而令业务一团糟，那就是你对他们的业务太不了解了。

做产品不是闭门造车，要善于走出去，多了解用户的业务，将他们的业务融合进你的产品，用产品的逻辑实现他们的业务逻辑。

综上所述，在一款产品中，将以上三大逻辑只有结合得相得益彰，才算是一款合格的大数据产品，才能为你的客户，为你的公司带来价值，才能走上大数据变现的绿色通道。

1.7 大数据应用产品三大导向

大数据应用依托的是技术，但是产品最终是给谁用，解决什么问题更加重要，这里要谈到大数据应用产品的导向问题，也就是说我们为什么要做这样一款产品。我们通过长期的实践与摸索，总结出了做一款大数据应用产品的三大导向，这三大导向的侧重点有所不同。

1. 用户导向

中国拥有非常庞大的用户基数，无论在互联网领域还是大数据产品领域，庞大的用户需求对市场及产品更迭有着直接作用，特别是在市场经济状况良好的情况下，追逐产品享受，综合性优质体验是大多消费者的新需求。消费者自身对产品的综合需求是市场前进的动力，同时也是让厂商之间在竞争方面产生差异化的主要标准。

以用户为导向的产品设计理念就是要从市场的真实需求出发，从消费者的体验出发，满足用户的共性需求，提供最佳的用户体验和高质量的服务。从某种意义上来说，以用户为导向的产品是最有含金量的产品，也是最有价值的产品，呈爆发性增长的可能性会更大，生命力也会更强，也更能经得起用户和市场的检验。这类产品的特点是产品开发难度大，盈利周期比较漫长，只有积累到一定的用户或者一定的规模才可以。

2．项目导向

以项目为导向的产品一般属于定制类的项目，即解决方案，是完全按照客户的需求定制设计，定制开发的，以客户的意志为需求。说得再直白一点，即你需要什么我就给你什么，而不是以终端消费者或者用户为导向，是以“甲方”的要求为导向。

这一类产品不为产品的最终效果埋单，只为产品的最终交付埋单。开发方在其中只是赚取相应的佣金和服务费，按时定量完成“甲方”的项目清单，能够顺利交付即可。之后的产品运营等都是由“甲方”来做，开发方不再参与或参与很少。对于开发方来说或许只是一锤子买卖，不会产生长期的收益。这类应用的特点是定制化、共性弱、见效快。

3. 数据导向

数据导向型产品即先盘点一下自己有什么数据，然后再根据这些数据，规划一下能够做出什么产品，这是基于现有数据资源做产品的一种思路和方法。

这一类产品有一个前提条件，那就是有相当丰富的数据资源做支撑，是通过产品的手段将数据资产进行激活与增值，并且变现的过程。

1.8 大数据应用产品的类型

大数据行业，在每一个应用点上都可能做出具有很大价值的产品，并不是综合型的大平台才有价值，往往小而美的应用或者工具也会产生较大的价值。这就是我们经常说的产品类型，那么大数据的产品类型有哪些，中科点击的产品团队总结了大数据应用的九大产品类型，涵盖了20余个应用方向，为我们做产品时拓展了思路。

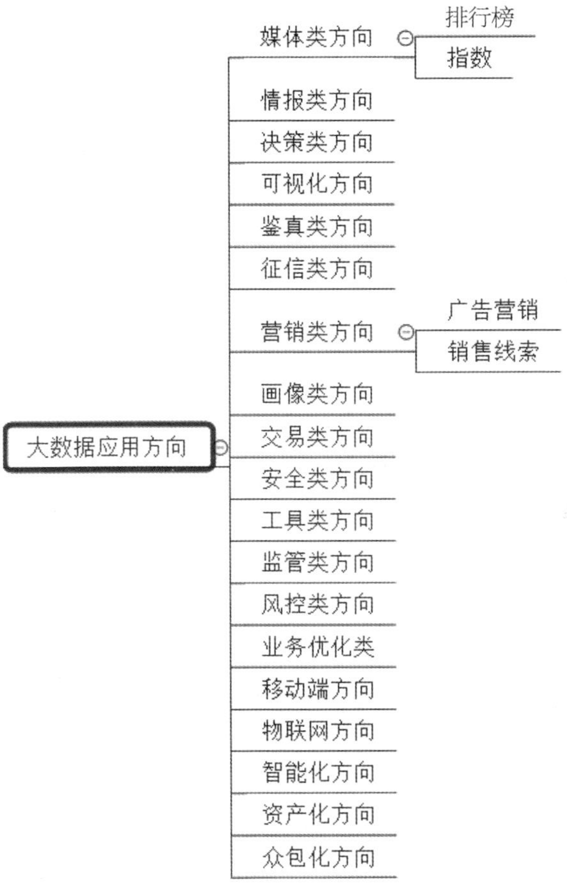

1．营销类大数据产品，让营销更精准

如何通过技术手段，挖掘大数据下的深层次关系，让营销更准确、有效已经成为营销中的重中之重。对于企业主来说，怎样快速地找到自己的用户，怎样更加有效地销售出自己的产品是至关重要的。

对于很多的中小企业来说，在选择大的媒体或者做非常大的传播时，其中有95%的受众都不是你的消费者，受众只有5%或者更少，产生的效果达不到你的预期。通过大数据的方式去购买的话，你需要定向目标人群，让你的钱花很有价值，可以有效地提升营销效果。

什么样的数据可以去帮助营销呢，目前主要集中在消费者洞察方面，也就是说从大数据的管理和定向方面有几个维度是可以考虑的。人口的属性、性别、年龄、关系定向，社交定向等。关于消费者之前买过什么东西，浏览过什么产品的数据，对于定向广告主来说其实非常有效。

精准营销类产品的价值主要体现在以下几个方面：

（1）对营销决策数据进行更好的优化。从已知数据预判未来，帮助企业建立更完美的营销战略。

（2）对目标对象进行更完整的深度分析。通过获取更丰富的消费者数据，包括网站浏览数据、社交数据和地理追踪数据等，可以绘制出更完整的消费者行为。

（3）实现点对点智能广告模式。大数据能通过互联网点击流，跟踪个体用户的行为，更新其偏爱，并实时模仿其可能的行为，让点对点的精准广告投放成为可能。

（4）更好地进行顾问式营销。

2. 征信类大数据产品，信用看得见

征信是以数据为基础，对其进行的采集、整理、加工以及使用。大数据不仅可以为征信体系的建设提供丰富的有效数据，也可以从根本上改变传统征信产品的设计理念，间接助推互联网金融发

展。大数据征信相对于传统线下的采集和整合更加全面和准确，其信用评估结果更加科学，大数据征信与传统征信相比具有三方面的优势：

（1）数据主要来源于互联网，互联网覆盖人群广泛，通过互联网获取数据，弥补了传统征信体系的不足，能够有效拓展业务；

（2）丰富了数据的维度和种类，传统征信数据主要采集身份信息、信贷信息、非金融负债信息，以及部分公共信息，在大数据征信系统中，信用评估的来源更加广泛，社交网络与电子商务行为中产生的海量数据，都能给用户行为提供侧面支持；

（3）大数据挖掘获得的数据具有实时性、动态性，能够实时监测到信用主体的信用变化，企业可以及时拿出解决方案，避免不必要的风险。

3. 媒体类大数据产品

进入信息智能化时代，只有智能化的信息才能满足读者和受众的需求，也只有智能化的信息才能实现大规模收费，进而解决信息提供者的盈利模式问题。在信息智能化时代，简单的、同质化的、不能满足读者和受众的“大路货”信息价值不大，那么如何才能解决盈利模式的问题呢？

精准的、个性化的信息才能真正满足读者的需求，也才能勾起读者付费的欲望。这就需要通过技术，把读者不需要或者不感兴趣的大量信息过滤掉。千人千面，为用户提供精准的阅读内容，是非常有价值的。

智能化信息的形成必须要有充分的高质量的信息源供选择，并且需要有效的技术使得信息能够以低成本被读者和受众获取。在信息智能化时代，要真正实现信息的智能化生产和传播，可以通过打造巨型的云信息服务平台，在该平台汇集了各式各样的信息，并能实现信息的分类筛选、摘编和深度加工；另外在该平台上能够通过数据挖掘等方式，实现对读者和受众个性化需求的准确定位和掌握；并且能够通过技术手段低成本地实现信息和受众个性化、定制化的需求之间实现智能化匹配，并能通过各种支付手段，实现智能化信息的收费。

4. 交易类大数据产品，数据可直接变现

交易类大数据产品是提供在线产品，可直接在线购买使用的大数据产品。尽管当前大数据存储和挖掘技术已经逐步完善，但数据孤岛依然大量存在，制约了数据的流通和变现。在大数据时代要实现商业价值变现，需要实时对接数据市场的多样化需求，而平台化运营成为满足这一产业需求的必要条件。正因为如此，各地都积极开展大数据交易平台的建设，通过将数据进行合理定价，促进数据交易，带动大数据产业的繁荣。

5. 安全类大数据产品，风险可见可控

网络犯罪以及其他恶意行为的不断增加正促使企业部署更多的安全控制、收集越来越多的相关数据。结果，大数据分析方面的进展被用于以更宽和更深的分析为目的的安全监控中，防止敏感数据扩散，以保护昂贵的企业资源。因此，大数据安全分析适用于很多用例，但也不是所有用例都适用。传统的日志和监控技术会错过这种类型的攻击。攻击的各步可能发生在不同的设备的不同时间段，而且看起来毫无关联。针对可疑行为的日志和网络流扫描有时也会漏掉这些东西。避免遗漏数据的一种方法就是收集尽可能多的信息。这也是大数据安全分析平台所采用的方法。

大数据安全分析作为传统风险控制的方式补充，主要利用行为

数据来实施风险控制，用户行为数据可以作为另外 30% 的客户风控的有效补充。大数据风控与传统风控在本质上没有区别，主要区别在于风控模型数据输入的维度和数据关联性分析。通过大数据做安全，可以更加有效地避免风险，提高安全系数。

6. 图表类大数据产品，让数据可视化

大数据图表是将数据可视化的过程，是为了使庞杂的数据变得更加清晰明了，让人一目了然，看懂其中的规律，快速获取到数据中所蕴含的价值，基于这一方面的产品也是大数据应用的一个方向。

数据可视化是一个新兴的领域，可以使数据变得更有意义，而且可视化也可以使数据变得更容易理解。数据可视化软件可以帮助用户从浩如烟海的复杂数据中理出头绪，化繁为简，变成看得见的财富，从而实现更有效的决策过程。数据可视化工具能够以一种简便易用的方式将复杂的数据呈现出来，用户更容易理解这些数据，也就更容易做出决策。

大数据可视化图表不仅可以降低数据分析师的门槛，也可以为分析结果提供更加炫酷的展现方式。传统的数据可视化工具仅仅将数据加以组合，通过不同的展现方式提供给用户，用于发现数据之间的关联信息。而现在数据可视化产品已经不再满足于使用传统的数据可视化工具来对数据仓库中的数据进行抽取、归纳并简单的展现。新型的数据可视化产品必须满足互联网爆发的大数据需求，必须快速的收集、筛选、分析、归纳、展现决策者所需要的信息，并根据新增的数据进行实时更新。这就要求数据可视化必须具备实时性、简单操作、丰富展现、多种数据集成支持方式的特点。

7. 画像类大数据产品，用数据读懂用户

用户画像涉及数据的纬度需要与业务场景结合，既要简单干练

又要和业务强关联，既要筛选便捷又要方便进一步操作。用户画像需要坚持三个原则，分别以人口属性和信用信息为主，强相关信息为主，定性数据为主。用户画像和用户分析时，需要考虑强相关信息，不要考虑弱相关信息，这是用户画像的一个原则。

用户画像要从实用角度出发，可以将用户画像信息分成五类信息。分别是人口属性、信用属性、消费特征、兴趣爱好，社交属性。它们基本覆盖了业务需求所需要的强相关信息，结合外部场景数据将会产生巨大的商业价值。

用户画像需要细切到具体的某一类人群，比如学生画像、老师画像、企业主画像、店主画像等，才会产生更加直接有效的价值。

8．情报类大数据产品，决策走向智能化

绝大多数企业家都是基于“直觉＋经验”来做决策和判断，即所谓的“精英决策模式”。事实上，在“小数据”时代，由于数据信息量不是很大，人们获取数据信息的渠道比较单一，加之人类传统的“因果性”思维模式，企业家们基于一个比较“灵光”的大脑，还是比较容易做出正确的决策。

但是，随着大数据时代的来临，数据呈几何级数海量倍增，数据结构日趋复杂，数据获取成本越来越低，人类的思维已经从小数据时代的“因果性思维”走向大数据时代的“相关性思维”。同时，随着全球一体化的日趋深入，企业间的竞争更加激烈，传统的“直觉＋经验”的精英决策模式逐渐失效，面对此种状况，是否可以借助大数据的手段来改变这一现状呢？

答案是肯定的。市场经济，其实就是信息情报不对称的经济。如何通过大数据情报获悉哪里原材料采购质量最好，价格最优，以及如何知道竞争对手的策略，消费者的喜好，如何降低成本，这些其实都可以运用大数据的手段来解决。大数据情报实际上是解决了信息不对称的问题，争取在市场中快人一步掌握有价值的信息，赢得先机和竞争优势。

日趋激烈的市场竞争，让企业在技术创新、生产管理、产品设计、市场营销、外部合作、行业竞争、风险管理、国际贸易、战略决策等领域都亟须大数据情报信息的支撑。解决“情报信息认知不对称”的难题，就是情报信息“背后”的深层次情报信息，更容易发现其中的财富机会和风险预警，占据市场竞争中的优势地位，也就更容易成功。

9．工具类大数据产品，小而美也有大价值

做行业大数据平台有很大的价值，但是做某一类小应用工具也会产生很大的价值。我们的数据来自各个方面，在面对庞大而复杂的大数据时，选择一个合适的处理工具显得很有必要。工欲善其事，必先利其器，一个好的工具可以使我们的工作事半功倍。

大数据工具可以从一个很小的点切入，解决一个最核心的问题，也不失为一种好的大数据应用方向。比如一款专门针对微博 KOL 分析的工具就是一个很好的大数据工具型应用，可以深度分析出微博某一 KOL 的立体画像。或者微信公众号分析也是一个不错的创意，可以分析出某一微信公众号的所有内容和用户画像。

1.9　大数据应用产品的思维模式

做一款大数据应用产品的思路各有不同，所谓条条大路通罗马，总有一些思路是相通的，是可以迁移和借鉴的。这八种产品思维是在长期的产品研发过程中深入总结出来的，可以作为做一个大数据产品时的参考依据，权当抛砖引玉。

1. 深度细切思维

当你无法做一款大而全的产品时，不如做一款小而美的产品来得实在，这就要求我们要不断深入细切，找到某一个 G 点，从而在这一个 G 点爆发。具体细切的思维方式由很多种，可以从不同的角度切入。比如行业细切，从某一垂直行业切入，寻找到突破口，作为产品的最初 idea。再比如从用户细切，针对某一目标人群，从性别区隔，从年龄区隔，从收入区隔，从学历区隔，从职业区隔，从阶层区隔……这是针对 C 端用户的区隔。另外，针对 B 端用户，可以从业务部门进行区隔。

2. 借鉴超越思维

借鉴超越的思维，说到底就两个字：求异。就是追求和竞品不同的思维，青出于蓝而胜于蓝的思维。求异分为从页面层面、交互层面、逻辑层面、整体体验层面和需求层面五个层面进行创新。只要符合用户价值，只需小小一点的求异的创新，就能打造创新性的产品。

在大数据行业应用中，借鉴并不可耻，可耻的是抄袭而没有创新。一个好产品，你如果原原本本抄下来，也许只有 60 分。如果别人 60 分的产品，你通过借鉴，改良后超越他，变成 80 分的效果，那也是一种成功。

3. 逆向思维

逆向思维就是通过现有竞品或者现有的传统产品思维进行逆向思考的过程，推进产品创新。运用逆向思维做一款大数据产品，主要从三个方面来思考：业务上的逆向思维，产品架构组织上的逆向思维，产品设计体验上的逆向思维。

逆向思维的核心点是基于用户需求更深一层次的思考。

通过业务逆向思维，可以实现产业链重构。比如网购从生产到销售的模式可以通过预定的方式实现以销定产，招聘行业可以从企业选择应聘者变为应聘者选择企业的模式，从满足企业的核心价值而转变为满足招聘者的核心价值。

4．基因重组思维

重组即破坏，打破旧秩序，建立新秩序，对产品整体进行重构。分解每一步产品用户需求点，在进行整合重组的创新思维方式。破坏主要有产品重构、MVP产品、产品低利润、产品低成本、产品图片化和视频化五种破坏式产品创新思维。基因重组是对现在产品市场不满意的结果，说明用户价值没有很好地挖掘出来，用户深层次的需求远远不止现在看见的这些。

产品重构是最大的产品破坏，对产品进行整体架构组织重构，进行每一个需求重组和产品架构的再组织，这样就完成了破坏式创新。

MVP产品就是用最小且不擅长的产品类别攻击竞争对手最强的产品类别，以小博大的产品方式。如果产品抓准了用户价值中的更深层次的需求点，那么MVP产品破坏力度是最大的。

低利润产品破坏是打破传统价格体系，直接深入市场。产品破坏力度是最快容易见效的一种创新方式。

产品低成本破坏，把业务价值链利益结构更优化，让产品破坏做到一个长久计划层面上的破坏。和低利润不同，低成本是更长久的产品创新的策略。

产品图片化和视频化，摆脱传统的、更多枯燥的文字展示方式。未来在移动场景更多的情况下，加载图片和视频将变得不再困难。

5. 场景化思维

对于大数据的应用场景，包括各行各业对大数据处理和分析的应用，最核心的还是用户需求。对于使用场景的思考是产品规划设计的基础，在不同的场景下，适用于不同的用户，且用户对于同一功能的心理预期和交互模式会有所不同。只有当使用场景与用户感知接近乃至完全吻合时，用户才没有拒绝的理由。

场景赋予行为意义，每一种新鲜的行为体验的背后，都伴随着新的场景洞察。在传统的产品设计与大数据产品设计之间的一个重要区别是，看待环境和行为引导对于塑造人的体验所起的作用的重要性不同，所以交互设计师在设计过程中，需聚焦于用户使用场景中的服务流程和行为引导设计，预期用户目标，为用户提供符合心智模型的流畅体验。

6. 用户导向思维

当我们做产品时，首先我们是一个用户，这是产品人对自己该有的第一定位。产品人一定要把自己当作用户，产品最终面向的人群也是用户。其次才是产品的战略、产品的架构以及产品的调性，脱离了用户基础的产品是无源之水，不以用户价值为导向的产品都是产品人的自嗨盛宴。做产品，需要从用户的角度出发，如果产品经理自己不是用户，而且不去了解用户，那一定是一个失败的产品。

从用户的角度来说，一个产品核心的关键功能应该一步到位，如果基本的、必需的功能不能一步到位，后来再做改进的话，哪怕你后来改得再好、再完美，但用户在最初接触到产品的时候就已经被伤害，伤害了用户之后再找回用户是非常困难的，产品经理是否能真正的理解用户就不仅仅是产品的问题了，与之有关联的，是产品背后的人性，产品经理是否抓住用户心理，站在用户的角度思考，这是产品思维最核心的基本点，产品经理的思维方式在某种层面上也是洞察人性的过程。

7. 数据 + 思维

未来，每一个行业都是大数据行业。大数据的应用范围越来越广，医疗、教育、汽车……各个行业都在不断有大数据的应用。在过去的几年中，越来越多的政府机构、公司都已经开始应用大数据。

在未来的几年中，每一个传统行业，甚至每一项传统业务，嫁接上大数据的翅膀，都可能飞出一片广阔的天空，都可能做出很有价值的大数据应用产品。

8. 优化改良思维

对于很多大数据产品来说，不是没有需求，也不是技术实现不了，往往最后得不到用户，是因为用户体验做得差，或者产品服务做得差，导致整个产品被废掉。从这一点来说，“木桶理论”也同样适用于大数据产品。产品逻辑、界面设计、产品运营、服务等各方面必须同步做好，偏一全废。这也从反面给我们提供一种产品创新的思维，对于已有的产品，如果发现没有满足用户某一方面的需求，或者有改良优化的空间，这也许就是留给你的“蓝海”。

1.10 使用大数据的用户有哪些

每一个行业，每一个应用产品都要对标到具体的用户，对于大数据产品而言，也要找到相应的用户才能产生价值变现。大数据是一个可以创造奇迹的行业，可以说，大数据是史上第一次将各行各业的用户、方案提供商、服务商、运营商以及整个生态链上游厂商融入一个生态链中，无论是企业级市场还是消费级市场，抑或是政府公共服务，都正在或将要与大数据发生千丝万缕的联系。

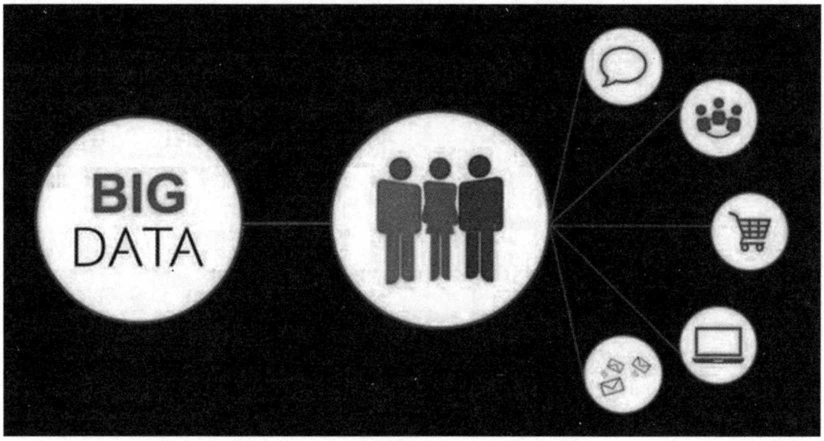

谈及价值，首先必须要弄清楚其用户到底是谁？有针对企业数据市场的，还有针对终端消费者的，还有针对政府公共服务的；其次要弄清楚大数据核心价值的表现形式、价值的体现过程以及最后呈现的结果。

大数据对企业来说，更在乎的是通过大量的数据分析来作为决策依据，所以决策需求是企业更为关心的核心需求，这就是最早的BI时代的雏形，经过多年的发展，细分出了数据管理、数据可视化等领域，来影响决策，量化决策，提高数据支持的力度和准确度。对于企业营销需求，主要是针对消费者或者市场的洞察，能够更准确地知道行业发生了什么，品牌商在做什么，媒体认知度是怎样的，消费者喜欢什么，从而帮助企业更好地获取用户，获取市场，提高转换率，达到精准营销的目的。

对于消费者用户而言，他们对大数据的需求主要体现在解决信息不对称上，以及信息精准匹配上，通过信息按需检索，并能够提供友好、可信的信息推荐与之匹配，优化体验，以及提供高阶的衍生增值服务。如怎样通过大数据找到适合自己的另一半？以及怎样通过大数据找到心仪的工作？怎样通过大数据买到适合自己脚码的鞋子？怎样通过大数据买到一款合适的 Bra？怎样通过大数据填报适合自己的志愿等，都是大数据服务个人消费者的应用方向。

对于政府而言的价值，越来越多的大数据应用产品被运用到政府的日常管理和业务中，并成为政府电子政务工程的重要杠杆，推动着政府政务公开，完善服务，依法行政的进程。在户籍制度改革，不动产登记制度改革，征信体系建设以及公安办案，税务办理等扮演着越来越重要的角色。可见，大数据已成为政府改革和转型的新生力量。

综上所述，一方面，大数据能够明显提升企业数据的准确性和及时性；另一方面也能降低企业的交易摩擦成本；更为关键的是，大数据能够帮助企业分析大量数据而进一步挖掘细分市场的机会，最终也能缩短企业产品研发时间、提升企业在商业模式、产品和服务上的创新力，大幅提升企业的商业决策水平，降低企业经营的风险。

大数据应用，数据是第一位的。在利用大数据的同时，也在不断地创造新的数据，日积月累的数据海洋并不是无用的“包袱”，而有可能就是我们背后的“财富”，无形的资产，就是数据的“剩余价值”。越来越多的人对这一点有了清醒的认识，在我们的生活中、工作中发挥着不可估量的作用，这也是大数据的价值所在。

1.11 大数据产品的价值导向

针对三大价值用户，提供给各个对象的核心价值分别不同，归纳起来，有七种价值，这七种价值可以作为我们做一款大数据产品的价值导向。

1. 大数据挖掘市场机会

大数据能够帮助企业分析大量数据而进一步挖掘市场机会和细分市场，然后对每个群体量体裁衣般的采取独特的行动。获得好的产品概念和创意，关键在于我们到底如何去搜集消费者相关的信息，如何获得趋势，挖掘出人们头脑中未来可能会消费的产品概念。大数据分析是发现新客户群体、确定最优供应商、创新产品、理解销售季节性等问题的最好方法。

企业利用用户在互联网上的访问行为偏好能为每个用户勾勒出一幅“数字剪影”，为具有相似特征的用户提供精确服务并满足用户需求，甚至为每个客户量身定制。这一变革将大大降低企业产品与最终用户的沟通成本。

2. 大数据提高决策能力

当前，企业管理者还是更多依赖个人经验和直觉做决策，而不是基于数据。在信息有限、获取成本高昂，而且没有被数字化的时代，让身居高位的人做决策是情有可原的，但在大数据时代，就必须要让数据说话。

如果在不同行业的业务和管理层之间增加数据资源体系，通过数据资源体系的数据加工，把今天的数据和历史数据对接，把现在的数据和领导和企业机构关心的指标关联起来，把面向业务的数据转换成面向管理的数据，辅助于领导层的决策，真正实现了从数据到知识的转变，这样的数据资源体系是非常适合管理和决策使用的。

3. 大数据创新企业管理模式

在企业管理的核心因素中，大数据技术与其高度契合。管理最核心的因素之一是信息搜集与传递，而大数据的内涵和实质在于大数据内部信息的关联、挖掘，由此发现新知识、创造新价值。两者在这一特征上具有高度契合性，甚至可以标称大数据就是企业管理的又一种工具。因为对于任何企业，信息即财富，从企业战略着眼，利用大数据，充分发挥其辅助决策的潜力，可以更好地服务企业发展战略。

4. 大数据变革商业模式

大数据让企业能够创造新产品和服务，改善现有产品和服务，以及发明全新的业务模式。大数据技术可以有效地帮助企业整合、挖掘、分析其所掌握的庞大数据信息，构建系统化的数据体系，从而完善企业自身的结构和管理机制；同时，伴随消费者个性化需求的增长，大数据在各个领域的应用开始逐步显现，已经开始并正在改变着大多数企业的发展途径以及商业模式。

5. 大数据让个人更加有个性

对个体而言，大数据可以为个人提供个性化的医疗服务，可以提供个性化的教育服务，根据每一个人的特点，释放每一个人本来就有的学习能力和天分。还可以为企业提供机场、高速公路的数据，提供航班可能发生延误的概率，这种服务可以帮助个人、消费者更好地预测行程，这种类型的创新，得益于公共的大数据。

6. 大数据让社会更加和谐

“智慧城市”建设也在如火如荼的进行。截止到 2015 年底，我国的国家智慧城市试点已达到 193 个，而公开宣布建设智慧城市的城市超过 400 个。智慧城市的概念包含智慧安防、智慧电网、智慧交通、智慧医疗、智慧环保等多领域的应用，而这些都要依托于大数据，可以说大数据是“智慧”的源泉。

7. 大数据预测未来

在大数据可视化时代，真正能预测的是个人的行为。计算机比我们了解自己，可以预知每个人未来会做出怎样的决策。随着科技的发展，我们有足够的空间来存储所有的数据，我们有逐渐成熟的技术来分析这些数据之间的关系，快速精确地预测出未来的发展趋势。

1.12 十年磨一剑，大数据应用产品的环节

一个行业大数据应用产品，从最初的构想到产品研发，以及产品上线推广和销售变现，然后再不断升级完善，要经历很多的环节和节点，才能打磨出一款成熟的产品。

1. idea 构想

产品 idea 是做一款大数据产品的缘起，也是最初的动机。产品 idea 可能源于自己的突发奇想、源于竞品分析、源于用户的抱怨、也可能来源于老板的需求等。产品 idea 的来源多种多样，带有较强的主观性，既然是主观的想法。那我们就要验证自己的想法是否正确，或者产品方向是否可行。

2. 可研分析

可行性分析报告是通过对项目的主要内容和配套条件进行评估，对比分析，并对项目建成后可能取得的财务、经济效益及社会影响进行预测，具有预见性、公正性、可靠性、科学性的特点。做可行性分析，是在产品 idea 的基础上，去研究用户和受众，首先要了解目标用户的痛点、需求是不是符合 idea 的出发点。其次要分析市场，了解产品处于什么样的市场，了解产品现在有哪些竞品，以及 SWOT 分析。再次要分析团队能力，现在团队有哪些优势，哪些是通过团队可以建立起来的产品壁垒。最后是资源分析，了解公司现在的情况，拥有哪些资源，这些资源对产品有哪些帮助。

3. 项目立项

项目立项是在可行性分析之后，确定项目确实可做。这个环节需要做项目计划，项目资源调配，配备相应的资金和团队，制定相应的项目考核计划等，保证项目能够顺利进行。

4. 产权保护

产权保护是对立项的前置保护，需要做的事情比较琐碎，但是又很关键。这个环节需要做商标的注册，域名的注册与备案，专利注册保护和软件著作权登记等。有些产品由于没有提前做好这些工作，等上线的时候才发现域名或者商标被人抢注了，而不得不花很大的代价去解决。

5. 外部整合

外部整合是对针对产品的策略，是借助外部的力量，包括人才的整合和资源的整合，是否需要数据合作，是否需要跨界合作，是否需要投资支持，都是这一环节需要考虑的事情。

6. 平台规划

项目立项后，接着就是产品或者平台规划的事，也就是规划需要做一款怎样的产品。包括整体架构以及功能模块的规划，以及数据源和分析模型的规划，技术参数和性能指标的规划，安全性和商务流程的规划。

7. 数据支撑

找到有用的数据，是做产品的基础，这一环节需要解决“数据”的问题，也就是怎样才能获得数据？需要获得哪些数据，是这一环节需要做的事情。具体来说需要梳理数据的类型和来源，以及数据库的建立。

8. 平台设计

平台设计是对产品规划的直观表现，平台设计是根据平台规划设计 PC 端及移动端原型和 UI 设计，包括前端与后台的设计。在这个环节需要考虑用户的体验的优化，用户行为分析的设计以及一些接口的设计。

9. 平台研发

平台研发是平台设计之后的一个环节，这一环节是对设计完成的平台原型实施开发。这一环节需要制定整个开发流程和进度，搭建开发环境，进行技术架构设计和数据库设计，数据接口开发，分析接口开发，应用功能开发，以及核心算法开发，单元测试和各模块代码联调，最终完成内测版产品。

10. 平台测试

平台测试是对研发部门所开发的第一期产品进行性能与体验测试，以及压力测试和兼容性测试，找出 bug，编写测试报告。

11．平台发布

平台发布是平台测试通过后的下一个动作，是产品面向市场的一个环节。平台发布环节主要是要搭建发布环境，部署代码以及功能模块授权。准备好使用手册和部署文档以及运维手册。

12．平台运维

平台运维是平台上线后保障平台顺利运行，保障数据流通顺畅，以及保障平台的稳定性及硬件设施的维护。

13．平台推广

酒香也怕巷子深。总体来说，现在是一个信息过剩、产品过剩的时代，不是做出来一个产品就能卖钱。如果没有用户知道你的产品，使用也就无从谈起。平台上线后需要有更多的用户来使用产品，这就需要推广平台，让更多的人来接受你的产品，认可你的产品，吸引用户来注册、来咨询。平台推广的方式和方法有很多，是由专门的市场品牌推广部门来完成，甚至要花很大的投入。

14．平台销售

平台销售是解决一对一“卖”的问题，这个过程是由销售人员来完成的。需要一线销售人员一个用户一个用户的去跟进，一家一家去谈，去和用户沟通，促成下单付费的过程。

15．平台迭代

不是平台做出来就万事大吉了，而仅仅是刚刚开始。任何一款互联网或者大数据产品，产品上线只是第一步，后面的更新升级更重要。平台迭代就是要根据用户的反馈，不断地优化，不断地升级，使产品更加贴近用户需求，体验更加人性化，性能更加优化。平台迭代要快，但是要把握一定的节奏，小步快跑是一种很常见的策略。

PART 02

现状篇

大数据应用现状洞察

第二章

从发现价值到创造价值

大数据经历了 2012 年到 2013 年概念预热期，进入 2014 年以后，逐步出现了一些行业落地应用。其实说到底，这是一个从发现价值到创造价值的过程。2016 年贵阳国际数博会，各行各业涌现出一系列落地应用产品，用数据化产品解决了行业的一些痛点，成为后互联网时代产业升级的驱动力。数据从来都是一直存在，只是没有任何一个时期像现在这样受到重视，数据的价值也发生了较大的变化。

过去数据主要应用在决策领域，即商业智能（BI），影响企业经营管理决策。现在随着数据体量的不断增加和数据治理能力的不断提升，数据被作为一种资产来运营，在各行各业的应用场景在不断扩展，除了决策支持、提高效率等发现价值功能之外，大数据还能创造价值的功能。

一方面，大数据可以帮助提供传统模式下无法提供的产品，满足用户需求；另一方面，大数据还可以创造新的需求。

大数据分析结果为企业经营决策提供支持，帮助企业提高效率。互联网与产业结合背景下的大数据应用将有助于提升企业经营管理效率，助力企业经营从粗放型向集约型转变，实现产业升级。

据麦肯锡调查显示，数据挖掘的商业价值巨大，大数据在美国医疗行业每年能提高 0.7% 的生产力，创造约 3000 亿美元的价值；在欧洲公共管理部门，每年能提高 0.5% 的生产力，创造 2500 亿欧元的价值；在美国零售业，每年能提高 0.5% ~ 1.0% 的生产力和 60% 的净利率。

1. 大数据满足需求，市场空间巨大

大数据可以帮助提供过去无法提供的产品，满足用户需求。这种模式在传统产业中比较常见，过去一些行业的用户需求虽然存在，但是由于缺乏有效的技术手段，导致市场参与者无法提供合适的产品迎合市场需求。大数据技术兴起后，将带动一系列创新产品推出市场，这在各行各业都能找到案例，考虑到传统产业的广度，这将是一个正在挖掘的巨大市场。

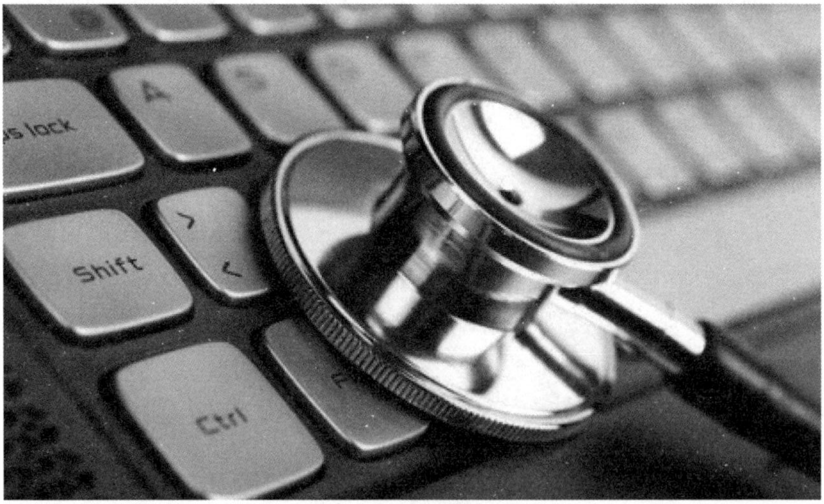

2. 大数据创造需求，拓宽市场边界

大数据创新产品拓宽市场边界，供给创造需求。大数据创造价值功能，除了提供产品满足市场已经存在的需求外，基于大数据的新产品还将创造新供给，带动新需求，打破原有的市场边界，想象空间巨大：一方面大数据能够前所未有的精准洞悉现在，深入挖掘现有商业价值；另一方面大数据能够空前准确的预测未来，从而能获得前瞻性的商业价值。

大数据产业链四大部分：数据采集和整合、数据存储和运算、数据分析和挖掘、数据应用和消费。

数据采集和整合是指通过技术手段从互联网、移动终端、物联网、应用软件等采集数据，然后把数据按照一定的规则进行存储和运算，再按照需求调用数据并进行智能分析和挖掘，将数据转化为价值信息或者产品，为决策支持、提升效率、创新产品提供依据。

3. 大数据资产是基础，技术是手段，应用是终极目标

在大数据时代，数据资产已经成为核心资源，数据被定义为“未来的新石油”，因此，拥有数据可谓是大数据时代的王者。

（1）既有数据、又有大数据思维的互联网公司，如阿里巴巴、腾讯、京东、Google、Amazon 等，成为大数据应用的先行者；

（2）传统软件公司转型互联网，通过 SaaS 模式为用户提供服务，既有数据，又有大数据思维的模式；

（3）拥有数据，缺乏大数据思维的机构，这类机构手里掌握着大量的数据，如金融机构、运营商、政府部门等，但没有能力自己有效利用。

大数据应用好坏的关键除了数据本身，还在于大数据技术，大数据技术包括数据采集、数据存取、基础架构、数据处理、统计分析、数据挖掘、模型预测、结果呈现等环节，涉及的技术环节极广，随着数据体量的增大和数据复杂性程度的提高，大数据技术本身也处于快速迭代的发展过程中。值得一提的是，大数据技术落地的一大重要因素在于如何实现技术与业务的融合，这背后需要有深厚的业务理解，对于既有数据、又有大数据思维的互联网公司来说，技术和业务本身是相互驱动、共同发展的，对于拥有数据，缺乏大数据思维的机构而言，在行业深耕多年的应用软件提供商则是最好的选择。因此，各个细分行业的应用软件提供商有望成为传统拥有数据机构的重要合作伙伴，助力其探索大数据价值变现。

4. 大数据分行业应用趋势洞察

每一个新兴的行业都要经历由模糊到清晰，由蓝海到红海，由综合到高度垂直的过程，大数据作为一个新兴的行业也不例外。经过对众多案例的研究与分析，我们可以预见：

（1）大数据应用肯定会细分、细切到行业、专业、产业，应用会精细化到点。而每个精细化的应用都将产生比较大的商业价值。

（2）大数据刚刚兴起，就像当年的“互联网”、“移动互联网”的兴起一样，前期是通用平台的兴起，发展到一定阶段则涌现出各“行业”的垂直平台。新浪网、搜狐网、网易是综合门户，而中国化工网、汽车之家、找钢网是垂直门户，也有非常大的市场估值。往往通用平台只有极少数机会，而分行业却能成长一大批公司。

第三章

数据大爆炸应用前夜已经到来

我国的大数据应用虽然还处于早期阶段，但是对我国经济转型发展具有深远的意义，大数据应用产品的开发与运营，也成为许多科技公司在新一轮竞争中“弯道超车”的机遇和挑战，乘大数据风口浪尖的东风，会有一大批大数据公司在分行业应用中脱颖而出，成为行业中的独角兽企业。

大数据行业经过了概念阶段、探索阶段、市场启动阶段，当前已经在接受度、技术、应用等各个方面趋于成熟，开始步入产业的快速发展阶段。大数据巨大的应用价值带动了大数据行业的迅速发展，行业规模增长迅速。

1. 大数据市场规模增速加快，各行业领域应用不断涌现

据 IDC 统计，2015 年全球大数据市场规模已从 2010 年的 32 亿美元增长到 170 亿美元，复合年增长率为 40%。未来随着应用效果的逐步显现，应用场景的不断深化，一些成功案例将产生示范效

应，预计在未来中国大数据市场规模还将维持在40%左右的高速增长。

随着大数据技术的成熟，市场的焦点迅速从概念炒作向实际应用转移，数据行业产品应用的商业模式价值进一步凸显。越来越多的成功案例相继在不同的领域中涌现，大数据应用逐渐落地生根。

2. 我国大数据分行业应用的挑战

由于多方面因素制约，我国大数据应用仍处在早期发展阶段，主要表现在：

（1）数据的丰富和开放程度不够

丰富的数据源是大数据产业发展的前提。而我国数字化的数据资源总量远远低于美欧，有限的数据资源存在标准化、准确性、完整性低，利用价值不高的情况，这大大降低了数据的价值。同时，我国政府、企业和行业信息化系统缺乏统一标准，形成了众多“信息孤岛”，数据开放程度较低、共享难，这给数据利用造成极大障碍。

（2）数据挖掘与分析工具有待完善

要以低成本和可扩展的方式来处理大数据，这就需要对整个IT架构进行重构，开发先进的软件平台和算法。在这些方面，国外又一次走在我们前面。特别是近年来以开源模式发展起来的Hadoop等大数据处理软件平台及其相关产业已经在美国初步形成。

而我国数据处理技术基础薄弱，总体上以跟随为主，难以满足大数据大规模应用的需求。如果把大数据比作石油，那么数据分析工具就是勘探、钻井、提炼、加工的技术。我国必须掌握大数据关键技术，才能将资源转化为价值。应该说，要迈过这道门槛，开源技术为我们提供了很好的基础。

（3）模式创新和业务拓展尚显不足

虽然2015年大数据应用已延伸至各个领域，但应用模式多有雷同，应用模式创新还有待进一步加强。企业应用大数据的目的鲜有拓展新业务、开发新产品和创新增值服务，大多是在改善现有业务、推销已有产品或控制成本等。

3. 我国大数据分行业应用的机遇

在全球信息化快速发展的大背景下，大数据已成为国家重要的基础性战略资源，正引领新一轮科技创新。目前，我国在大数据发展和应用方面已具备一定的基础，拥有市场优势和发展潜力。

国际大数据产业发展更加成熟，基于大数据的广阔发展前景，各省、直辖市、自治区也纷纷出台大数据发展规划。推动大数据相关产业发展和应用示范，正成为各地抢占新一轮经济和科技发展制高点的重大战略，积极将大数据作为提升本地发展的重要机遇。

（1）市场增速略有放缓，应用成为新的增长动力

大数据技术已开始趋向于成熟，变得更加易于被行业市场应用，技术创新和商业模式创新推动各行业应用逐步成熟，应用创造的价

值在市场规模中的比重日益增大，并成为新的增长动力。

（2）区域发展尚不均衡，信息化基础和数据资源是关键

欧美发达国家拥有先发优势，处于领导地位，中、日、韩、澳大利亚、新加坡等国分别发挥各自优势，紧紧跟随。其他多数国家发展相对缓慢，还停留在概念炒作和基础设施建设阶段。

（3）产业生态不断优化，基础设施建设更加合理

Hadoop、Spark、Storm等开源技术得到更为广泛的认可和应用，大数据技术生态圈形成。同时，各国政府、企业和产业组织非常重视大数据产业生态建立和环境优化，不断地通过建设基础设施，制定法律法规、政策体系和数据标准，完善大数据生态环境，提升国家对数据资源的掌控能力和核心竞争力。

（4）区域产业聚集现雏形，合作协同发展成常态

我国大数据产业集聚发展效应开始显现，出现京津冀区域、长三角地区、珠三角地区和中西部四个集聚发展区，各具发展特色。

大数据的热潮催生出了很多新技术，但真正的价值在于这些技术之间的相互连接、以及技术和工具与应用之间的连接，这种连接能让我们的工具和应用向终端用户传递更多的珍贵数据。

未来五年，大数据与云融合，依托云提供大数据服务的公司将大量涌现，未来的产业图景中，共享经济将从个人扩展到企业，企业将以其最擅长的能力模块和最稀缺的资源模块参与API经济，从而使API价值最大化。

PART 03

政用篇

大数据在政务中的应用

第四章

政务大数据应用概述

4.1 政务大数据应用现状

“大数据已经渗透到工业和商业领域的各个方面，成为影响生产的一个重要因素”，大数据的应用涉及经济、文化、教育、医疗、公共管理等各行各业。正是由于大数据的广泛应用及其背后蕴藏的巨大潜力和价值，许多国家纷纷将“大数据”的建设和发展上升为国家战略，积极推动大数据应用的发展。

在过去的100年间，政府机构设置经历了三种模式。

首先是韦伯模式，其基本特征是基于书面文献和大规模科层级结构的控制模式。在这一模式下，政府信息化致力于社会集成，即办公自动化，政府获取和掌握数据资源的能力较弱，是一种封闭和不透明的系统。从20世纪60年代开始，韦伯模式政府机构开始面向数字化转型，但其数据主要来自内部业务运转，是一个封闭和不透明的系统。在韦伯模式结构中，很少使用数据来理解公民的想法，并为政策制定提供依据。

从20世纪80年代到21世纪初，新公共管理（NPM）模式成为政府管理改革的主要模式，该模式强调大型部门的解构，引入政府机构间竞争机制以及业务线管理机制等。在这一模式中，信息技术在最初被用于更好地传递服务之后，也逐渐被边缘化了。

自2000年以来，一种新的公共管理模式——数字时代治理（Digital-Era Governance，DEG）模式出现。这种模式将数字化技术置于机构层级的核心位置，对纸质和基于电话的信息系统的完全数据化，以用户为中心的服务一体化，以及对碎片化政府机构的重组与整合。在DEG模式下，政府将跨层级的数据管理从原先的私人部门管理转移到集中化的“智能中心”模式，比原来的政府数据管理模式有效得多。大数据的兴起，正好与政府管理模式的这一变革遥相呼应。

中国政府虽已发布《促进大数据发展行动纲要》，将数据定性为国家基础性战略资源，但各级政府在推动政务大数据应用方面，但仍存在不少问题。所谓政务大数据，是指政府推动大数据应用发展的过程或大数据在公共服务领域的应用实践。

数据驱动的新型决策机制。大数据技术属于第五代决策分析技术，在大数据时代，小到商业机构的营销分析，大到公共领域的政府决策，越来越多地依靠数据做出决策。这种基于数据驱动的新型决策机制，表明了大数据不仅仅是一种技术，更是一种理念创新和模式创新。

数字时代下的新型治理模式。大数据不仅仅是政府管理的一种新手段或新工具，它还将带来政府管理改革的一个全新阶段。随着大数据在政府管理和公民社会生活中的深入，政府部门内部及其与公民社会的关系将被重新建构。技术、组织、关系和行为的再造呼唤全新的管理模式的出现，这种新的管理模式就是数字时代的治理。这种创新的治理模式不只是政府内部自身的数字化变革，还将是广泛深远的社会变革和管理方式的创新。从这个层面来看，由大数据应用带来的数字治理模式创新将成为政府管理改革的全新阶段。

一、国内外政务大数据发展现状

由于“大数据”的广泛应用以及“大数据”蕴藏的巨大潜力和价值，许多国家纷纷将“大数据”的建设和发展上升为国家战略。自 2013 年以来，大数据、互联网、云计算等新兴产业得到了中国政府的高度重视。国务院总理李克强在 2014 年《政府工作报告》中明确提出，要设立新兴产业创业创新平台，在大数据、云计算等方面赶超先进，引领未来产业发展。国务院常务会议多次专题研究部署推进互联网、大数据等新兴产业的快速发展，科技部、国家发改委、工信部等部委在科技和产业化专项中对新一代信息技术给予重点支持，在推进技术研发方面取得了积极效果。在国家层面的积极鼓励和倡导下，各地政府高度重视互联网、大数据、云计算等新兴产业发展。上海、北京等地率先推出了政府数据资源开放共享网络平台，整合本地区数十个部门的政务大数据资源，向全社会开放共享，为企业和个人开展政务信息资源的社会化开发利用提供数据支撑。贵州省提出建设“云上贵州”计划，并力争成为全国首个基于云计算建成省级政府数据共享平台的省份。2015 年 4 月，国家发改委在部委中首家专门成立了大数据分析中心——国家发改委互联网大数据分析中心，全面支撑国家发改委宏观调控和重大决策，这标志着中国大数据产业已经开始进入应用深化的全新阶段。

二、中国政府大数据应用现状主要有以下几方面的不足

（一）政府部门对数据资源的独占性较为严重

据统计，目前国内约 80% 的社会信息资源由政府部门控制，这种局面是在长期计划经济体制下形成的。改革开放以来，虽然信息服务市场的需求情况已发生了很大变化，但在信息服务供给方面，数据资源开发以政府为主，信息系统建设为政府服务，相关投入由政府资助的基本格局并没有发生根本性的改变。

（二）数据共享性较差

数据共享意识较薄弱，部分政府部门认为拥有数据越多，权力就越大，不愿把数据资源在网上共享。部分行业（部门）各自开发自己的网上数据服务系统，信息产品重复、不足与闲置并存，造成资源的严重浪费，也不能形成规模优势和效益。在国内现有的 3 000 多个数据库中，真正流通起来被利用的不足 10%。公用信息与保密信息的界限不明，数据价值无法确定。在全国范围内目前还未形成通过网络利用政府数据资源的态势，且缺乏行之有效的组织和办法，网上可利用的政府信息资源较少。

（三）政府数据资源管理系统标准不统一

尽管我国的政府信息化建设已经历了 20 多年的时间，国家在这方面也投入了大量的财政资金，我国政府办公业务网（政务内网）已基本建成，政府公众信息网（政务外网）也形成了相当规模。但是由于标准不一、各自为政、自成一体、不联不通，缺乏有效整合，政府大小部门间最终形成了一个个“信息孤岛”，隔断了部门内业务上的内在联系，致使丰富的数据资源难以得到共享，大量资金投入的结果，却不能获得为社会提供便利的政府公共服务的回报。

（四）缺乏统一的、常设的管理协调机构

我国政府组织结构是纵向层级制和横向职能制交叉组成的二维模式，政府对数据资源并未进行统一的管理，我国政府的信息资源管理表现为缺乏监督和协调，壁垒林立，没有统一的标准，没有统一的目标，也没有统一的政策及指导思想，管理相对混乱。

（五）数据收集、加工、存储、利用的规范性差

目前与数据资源管理相关的只有《档案法》、《保密法》、《统计法》等少数法律。从总体上来看，这些法律对相关数据信息管理的程序、期限、方式等方面的规定都比较简单。尤其是实际工作中，数据管理人员多倾向于保密，因为不公开就无须承担责任，若公开的话，则有可能要冒因公开不当而导致泄密的风险。由于法律、法规缺位，行政机关对数据资源管理认识的缺乏以及行政机关工作经验的不足，导致现阶段我国的数据管理处于相对随意的状况。

三、政务大数据需坚持的三个基本方向

（一）整体性政府

整体性政府强调政府内部须实现机构、部门、专业、层级等之间的协调整合，以更好地解决公众需求，避免因政府内部矛盾冲突而造成的公共服务效率低下。单一数据源已越来越难以满足应对很多政策领域日益复杂问题的需求，未来将会出现越来越多跨数据集的联系，且在数字时代，政府治理的关键在于整合多数据源的公共管理模式。因此，推动政务大数据应用首先应坚持整体性政府方向，推动政府间的数据共享与业务协同。

相对商业机构而言，政府在推进大数据方面所面临的挑战更加尖锐，因为必须在遵从安全性和相关法规的前提下，不断打破部门孤岛来推进数据的集成。

政府部门不仅要应对多数据源和不同格式数据的集成分析等大数据领域通行问题，还要面对很多政府部门特有的挑战和问题。但对推进政务大数据应用而言，无论是对政府自身监管行为所产生的大数据，还是对公民在社交媒体或其他网络平台上所产生的行为数据进行采集和分析，都可能促进政府机构中跨层级的“智能中心”的建立

（二）透明化政府

大数据应用建立在掌握数据的基础上，以海量数据为前提，政务大数据的发展往往离不开政府开放数据，这使得政府的透明度大大提高。数据的开放可以让政府公职人员和民众一起参与进来，解决政府无法完成的、棘手的问题，更广泛地发挥公众力量，借助大数据平台更好地进行社会管理。随着政府组织的行为及其与公众的交互越来越数据化，在政府自身内部系统中产生的各类大数据也为透明性政府建设提供了巨大潜力。在推进政务大数据应用中，政府的监管方式应不断创新，更加透明。随着政府组织越来越成为一种前台的网络存在和后台的信息处理系统，大数据也将更有力地促进上述整体性政府的最终形成。

（三）服务型政府

大数据可以促进政府公共服务水平的提升，有利于服务型政府的建立。在大数据时代，公众可以更好地参与到政府工作之中，与政府分享信息，形成政府和公众共同参与的政务决策机制。社会公众可以通过社交媒体、公开出版物、博客等渠道分享他们的意见，大数据分析技术可以处理这些非结构化数据，并将更好的服务和方案传递给所需的客户群体。因此，在大数据背景下，任何政府都可以借由政务大数据的采集、分析和利用，不断推动优化政府自身运作流程和服务效能。而且，政务大数据分析是政府理解公民行为、

解释政策与公共服务优劣的良好手段，也是政府决策者理解公众需求与偏好的工具，以更好地理解人们对于公民参与的积极性，对立法变动的态度，以及对政府公共服务的需求。此外，大数据还可有效改进政府绩效管理方法，促进公共服务的提升。以往政府部门的绩效管理往往是滞后的，因为其主要依赖一些事后的指标来评估政府工作的效果。未来，政府管理部门应当更多依靠实时性数据来提升政府管理效能。

四、政务大数据需避免的三大认识误区

（一）将大数据等同于开放数据

由于目前尚无对“大数据”的界定标准，政府部门对大数据的认识存在混乱，有将开放数据等同于大数据，有将任何“大”的政府数据集的发布都当作是大数据。但事实上，很多开放数据只是离散的“小数据”，并不具备大规模、未经处理和非结构化等大数据的基本特征，且很多通过开放数据机构发布的在线数据集仅仅是一个可用的样本集。同时，虽然开放数据对于促进政务大数据应用意义很大，但当开放数据仅仅是由于上级部门的指令要求，并对政府部门本身工作并没有任何回馈时，开放数据项目就会缺乏可持续性。考虑到开放数据并不是不需要成本（公务员需要花时间去收集这些数据，并发布出去），在政府看不到任何收益的情况下，将其维持下去会很困难。此外，为了便于开发者和分析者能够不受数据格式限制而处理数据，开放数据集都是以原始格式发布的，这将影响数据的获得和使用。由于编码缺乏一致性，这些数据在没有电脑归纳的情况下非常难以理解，从而难以得到真正有效应用。可见，在推动政务大数据应用中，不能简单地将大数据等同于开放数据。

（二）将大数据等同于共享数据

目前大部分政府大数据应用的对象仍以结构化数据为主，较少

采用实时、动态、半结构化甚至非结构化数据。这在中国政务大数据应用中也较为常见。政府推动大数据平台建设的是为了推动大数据的应用，实现各部门数据的互联互通。然而，政府大数据不仅仅是政府自身的业务数据，还有一些诸如金融、电商、医疗、社交媒体等对政府治理有意义的大数据源。这些数据不被政府完全掌握，但是在推动政府政务大数据应用方面起着重要的作用。政府应当进行合理整合，作为对政府自身数据的补充，形成更加完善的治理决策支持体系，以在数据整合的基础上实现服务整合。

（三）将大数据等同于海量数据

随着大数据在中国的不断发展，各个地方都开始兴建大数据中心，但对于大数据中心的建设，更多地还停留在“建机房、上设备、堆数据”的阶段，忽视了大数据强调的是对数据的分析和应用。对于政务大数据的推进或大数据中心的建设，首先应有周密、严谨、细致的数据目录体系顶层规划，建立统一的数据资源目录体系、数据标准体系、数据质量审计体系和业务系统数据共享交换体系等；其次要有可对比、可回溯、可审计的数据质量管理体系，保障数据采集获取的可持续性，避免“数据陷阱”；最后要有精通数据挖掘和业务建模的数据科学家队伍，从政务应用需求出发，做好潜在数据的价值的挖掘与应用。此外，当前不少学者还未真正认识到大数据的价值，认为海量数据无法获得，且大数据只是一种暂时性趋势。殊不知，大数据虽然是指海量数据，但并不是“全数据”，而是数据资源总量不断增长的状态，且从“大数据”中挖掘出有价值信息才是大数据应用的关键。

五、政务大数据需警惕的三大潜在问题

（一）警惕数据权的恶意使用或过度滥用

随着大数据应用的不断推进，数据开始被视为重要的战略资源，

"世界经济论坛"报告曾指出大数据为新财富，价值堪比石油。在政治领域，数据的所有权是一种新的权力源泉。围绕原始数据的占有权和发布权的斗争将成为一个持久性的政治议题。在推进政务大数据应用中，应警惕数据权的恶意使用或过度滥用。

（二）警惕大数据带来的信息歧视

大数据技术为基于证据的未来趋势预测提供了一种可能，但同时有可能会带来公平和公正的问题。在政务大数据应用中，数据挖掘阶段最有可能引发对公民隐私权的侵害。尽管作为一种提升公共服务传递的重要手段，数据挖掘本身的意图是好的，但由政府收集和分析个人数据，不可避免地会引发对公民自由问题的争论。很多民众正在失去对政府的信任，其中部分原因就是政府机构拥有太多对公民个人数据的获取手段，而相反对个人数据的保护手段却太少。另外一个政务大数据应用的障碍来自伦理上的挑战，数据"可被获取，并不代表使用它就是道德的"。大数据技术为基于证据的未来趋势预测提供了一种可能，使得社会科学的研究可以做到像自然科学研究一样的精准、量化、客观。大数据可以用于预测未来，人们可以基于大数据构建政策制定的概率模型，分析未来可能会发生什么，但这些模型会带来公平和公正的问题。举例来说，通过应用大数据技术，我们可以识别一些犯罪的"热点"区域，政府就可以在犯罪发生之前更好预知其发生规律，而生活在这些区域的人将会因此而比其他地方的人面临更高的被逮捕率。

（三）警惕互联网公司侵害国家数据主权

由于中国数据产权的立法滞后，且在国家层面缺乏采集相关数据资源的统一规划，使得当前与国家经济、政治密切关联的数据较少掌握在政府手中，而如阿里巴巴、百度、腾讯、小米等互联网公司所掌握的数据资源较为丰富，且与国家经济社会运行关系密切。这些数据通过云计算进行挖掘之后，对国家安全的价值会远远超出国家保密局所保密的信息价值。为此，推进政务大数据应用，必须要警惕互联网公司对国家数据主权的侵害。

4.2 政务大数据应用需求

对于政府大数据平台的建设难点不在技术而是在业务上，主要涉及数据开放和共享的问题。一个是在政府行业内部各个部门间实现数据共享，打破数据孤岛，如工商、税务、质监、交通等各个部门，难点在于短期内解决涉及的部门和利益壁垒；另一个是大数据平台最终处理和分析后的能力能否进一步朝外面的企业和公共服务部门共享和开放，是摆在政府大数据应用面前的另一头拦路虎。

大数据平台建设本身有两种模式，一种是先构建数据存储平台，再构建处理平台，最后再构建数据分析和挖掘平台；另一种是根据业务目标来分析是否涉及大数据应用场景，根据应用场景来分析究竟涉及哪些相互关联数据，然后进行数据建模，再来考虑如何高效可扩展的对这些数据进行存储，处理和分析。对于政府部门的大数据我们更加建议采用第二种方式，即不要一开始就追求大而全，而是有针对性的各个击破，快速体现出大数据平台应有的商业价值。

一、政府大数据应用需求分析

（一）政府职能转变迫切地需要大数据加以支撑

从内部管理的角度来看，政府需要降低行政成本、提高决策的科学化水平。在信息化时代，政府机构、职能有效发挥依赖高效、实时的信息系统、尤其是大数据的支持。信息化时代，政府掌握着大量的、关键的数据，是数据时代的财富拥有者，但以往由于信息技术、体制机制等的限制，各级政府及各部门之间的信息网络往往自成体系，相互割裂，相互之间的数据难以实现互通和共享，导致目前政府掌握的数据大多处于割裂和休眠状态。同时由于政府各部门信息系统分割，许多数据往往需要重复采集，数据采集成本较高。随着大数据和云计算技术的发展，建设统一的政府信息系统平台成为可能。通过统一的信息平台，实现数据的标准、格式的统一和共享，利用大数据技术，数据获取、处理及分析响应时间大幅降低，工作效率明显提高，有利于压缩政府开支，降低行政成本。同时，对于数据的统一和共享所产生的大数据，通过数据挖掘等技术，能够增强政府社会管理水平。大数据在政府和公共服务领域的应用，可有效推动政务工作开展，提高政府部门决策的科学化水平、服务效率和社会管理水平。

从对外服务的角度来看，政府提供公共服务、促进经济社会发展的职能发挥同样需要大数据支持。政府掌握了大量关于人口、法人和城市空间地理等数据，提供满足群众需求、针对性的公共服务需要对所掌握数据进行精细分析。凭借大数据，城市公共卫生、教育、城市规划、交通服务能够得到改善，基于大数据分析结论的政府公共服务决策能够更好地满足市民需求。目前，各个地方政府大力兴建智慧城市，智慧城市已成为国内信息化建设的潮流，“智慧”的关键在于对大数据的研究，只有利用大数据分析，才能实现电子政务信息系统有效整合，实现跨部门的政府信息资源共享和政务协同，让政府的管理服务效能提升，让民众感受到政府的服务无处不在。政府另一项职能是促进经济社会发展，如在经济异常波动时实施宏观调控，政府对大数据信息的掌握和分析，直接决定了宏观调控的效果。这些都对大数据提出了要求。

（二）统一共享的数据平台是实现大数据发展的重要前提

对于大数据基础库，代表性的有人口、法人和空间地理三大基础库。这三大基础库收集了大量的居民、企业和城市空间地理信息，数据量庞大，这些数据的有效发挥需要大数据收集、存储、管理、运用技术的支持。同时三大基础数据库与各专业库的统一及共享，有利于降低政府信息使用成本，提高行政效率。同时也为专业库和应用库层次提供了信息系统基础设施支撑。目前，政府掌握数据中大部分都是非结构化的数据，现有的软件和工具主要适用于以结构化数据为主的传统数据，要想及时捕捉、存储、聚合和管理这些大数据，以及对数据进行深度分析和挖掘，政府首先需要全面整合并打通三大基础数据库与各专业库的互联阻碍，建立统一的、共享的基础数据平台。

专业库是基于基础库的专业数据库，如教育库、医疗库、交通库等，这些专业数据库为方便居民生活提供了条件。可以预见，随着经济社会的发展，政府的公共服务职能将更加突出，主动服务群众、提供公开透明的信息是时代对政府的要求。基于基础库，政府各部门对教育、医疗、交通等专业库信息进行深度共享、数据挖掘，有利于政府掌握更细致的信息，为居民提供更加个性化、更加贴心的公共服务。如个性化医疗：比如对病人的医疗数据、电子病历、遗传情况、职业特征、饮食状况等运用大数据技术进行分析、挖掘，可以帮助大夫提供更个性化的医疗服务。

应用库是基于基础库和专业库的数据基础，可为社会提供针对性的应用服务。政府职能之一就是促进经济发展，尤其是在“创新驱动、转型发展”的大背景下，大数据、云计算等新兴技术层出不穷，新应用、新商业模式不断涌现，要求政府向社会、企业开放大数据服务，并引导企业探索创新数据产业业务模式，积极培育大数据产业。随着数据开放度的加大，基于开放数据开发的应用系统越来越多，这种大众创新和社会创新模式将越来越普遍。开放大数据服务，不仅有利于形成完善的数据产业链，有利于培育战略性新兴产业，并将有力促进经济结构转型。

4.3 政务大数据应用场景

政务大数据管理，其实就是“一张表”工程，把原本条块分割造成的信息孤岛连成一片充满活力的数据大陆，实现政府数据资源在部门间、地域间、社会间共享。

政府在应用大数据时，不仅要处理多个来源，不同格式数据集成等一般问题，而且还面临一些特殊挑战，最大的挑战就是数据采集与挖掘。因为政府采集的数据不仅来自于多种渠道（如社交网络、互联网、众包），也来自于不同的来源（如国家、机构和部门），采集难度可想而知；另外在不同的政府部门和机构之间分享数据。政府数据与商业数据最重要的不同就在范围和区域，其差异近几年都在平稳增长。政府（包括中央政府和地方政府）在实施法律和规章、提供公共服务和监管金融交易的过程中积累了大量数据。政府的大数据特征属性可以表述为存储、安全和多样性。通常，每个政府机构或部门都有自己的存储机构，用于存储公共或机密信息，而且并不愿意分享各自的专有信息。

一、政府大数据分类

（一）行为数据

对行政机关工作人员的行为数据进行收集，包括工作行为数据和网络行为数据。工作行为数据包括人员的考勤、出入以及工作期间的各项需考察的行为数据；网络行为数据包括工作人员网络言论的收集、分类、整合，是相关领导对人员的行为的整体把握，以及对员工做出评价的参照标准。

（二）工作数据

工作数据是指政府部门的业务数据，对行政机关工作过程需要的以及收集建档的数据进行分类整理储备，使用时随时调取，对同类别及所需相关数据形成直观对比，为实现有效决策提供依据。

（三）文件数据

对各类中央文件以及省、自治区、直辖市以及部门文件分类整理，形成一个在线的庞大文件数据库。

（四）互联网数据

互联网是开放的，在网络中充斥着大量的关于政府部门的相关数据，包括网民对政府的评价、口碑、言论以及百姓意识形态的表现，这一类数据可以统称为“泛舆情”。运用好这些网络公开的数据，政府可以做到互联网 + 社会服务、互联网 + 社会预测、互联网 + 社会治理的美好愿景。

总而言之，政府数据库可以根据不同工作单位的工作性质、量身定做所需要的不同数据库模式，涵盖行政单位工作的各个方面，是未来政府治理的一个大的趋势，是符合与时俱进的发展观的重要表现，在不久的将来，一定将会全面普及。

（五）线路数据

线路数据主要包括三大运营商数据，包括用户使用上网服务、上网路径等轨迹数据。

二、政务大数据应用场景

场景一：实现信息透明和共享。主要使外部利益相关者（比如公民和企业）和内部利益相关者（比如政府职员和政府机构）都能提高自身的工作效率，产生积极的经济社会综合效益。在上海，自2006年起，人民银行上海总部公开金融信息后，催生了一批金融信息咨询服务企业，其中有上海联和金融信息服务有限公司等5家上市企业，拉动了十几万人的就业。在北京，交通管理部门公开提供违章信息，也催生了一批提供专业交通信息服务的互联网企业，它们向用户提供免费服务，并获得了可观的广告收入。

场景二：公共部门绩效评估数据化。主要为了增强内部竞争，激励工作表现，提高公共建设效率，提升行政服务质量，降低政府的管理成本。

场景三：公共服务更具针对性。通过人口细分和定制政策，提高工作效率和公众满意度，减少开支。在传统公共管理中，公共部门倾向于为所有公民提供相同的服务。但其实，公众往往具有非常多元化的个性化需求。德国联邦劳工局对大量的失业人员的失业情况、干预手段和重新就业等历史数据进行分析，使得其能够区别不同类别的失业人群采取有针对性的手段来进行失业干预，大大提高了公共服务提供的效率。该做法使得该局能够在每年减少100亿欧元相关支出的情况下，减少失业人员平均再就业所需时间，大大改善了失业人群的求职体验。

场景四：公共服务更加精细化。大数据是治理交通拥堵、雾霾、看病难、食品安全、教育资源优化等“城市病”的利器，也将为政府打开数字化的大服务窗口，实现综合服务“一口清”，身份证办事“一证通”，公共、志愿、商业服务衔接“一条龙”等多项服务功能。

场景五：政府决策的科学化依据。大数据在调整计生政策、养老金缺口、改善交通等政府决策中发挥着越来越重要的作用，并随着大数据技术的进一步成熟，大数据将为政府决策提供基础依据，不断促进黑盒决策转化成白盒决策，提高决策的科学性。

场景六：风险管控更加智能化。在纷繁复杂的数据中自动识别出不一致、错误和虚假的信息，减少出错成本和福利管理中的诈骗，缩小税收缺口。

场景七：引导公共部门内部和外部的创新。例如，商业、非营利性机构、第三方通过开发出大数据工具和分析，对公共服务进行反馈，为改善现有的方案提出建议，从而为公共部门创造新的价值。

场景八：现代服务业的发展新契机。政府部门开放非涉密的公共数据，鼓励社会机构对公共数据进行开发利用，为现代服务业，特别是咨询业的发展带来新契机。

4.4 政府大数据应用价值分析

从发达国家政府管理的经验和近期在大数据方面的战略布局看，“量化决策”和“数据治国”是发展的必然趋势。政府部门越来越注重运用技术手段对数据资源进行深度的价值挖掘，满足日益增长的精细化、科学化管理需要。与此同时，随着社会经济文化的发展和进步，公众对政府和职能部门的要求也越来越高，集中表现为要求提高行政效率和透明度、创新工作方式、提高对社会的服务能力等。

1. 有利于为百姓的日常生活提供服务。随着生活水平的不断提高，市民对包括气象、食品安全、交通等在内的生活资讯类信息愈发关注，实现此类信息的公开，为百姓提供更准确、及时、便利的日常生活服务，将促进政府服务转型，树立良好的政府形象。

2. 有利于提高政府部门提高行政管理水平。体现在两个方面：一是有利于提升政府部门协同共享。随着经济社会的快速发展，资源环境的约束日益显现，城市的发展转型迫在眉睫，对政府管理部门的管理能力提出了更高的要求，将倒逼政府部门实现公共信息资源的共享。二是有利于提升管理决策水平。在政策制定阶段，数据分析是决定政策质量高低的关键性因素。在政策实施阶段，数据分析能够有效监控政策实施情况。通过数据分析监控，可以掌握政策是否按计划实施，对于计划实施过程中出现的问题或失误，数据分析工作可以及时、准确地反映。在政策评估阶段，需要通过科学的数据分析来解答，对未来政策的完善提供借鉴。

3. 有利于为企业发展提供服务。政府信息公开，侧重于政府信息的社会属性。在创新驱动、转型发展的背景下，政府部门公共信息资源的经济属性越来越受到企业的关注。当前，政府部门的公共信息资源已成为一种创造价值的新的生产要素，向企业开放后，将会极大地推动信息服务业的发展。

第五章

政府大数据应用解析

5.1 电力大数据应用

大数据不是 ICT 行业的专利。目前，金融、广电等传统行业都在积极借助大数据的力量，帮助企业实现转型。在电力行业，大数据已经被视作企业战略层面的重要议题：国家电网就在北京亦庄、上海、陕西建立了三个大数据中心，其中北京亦庄大数据中心已安装超过 10200 个传感器，每个月可节约的能耗价值大概为 30 万元。那么，电力行业如何应用大数据？

电力大数据是大数据理念、技术和方法在电力行业的实践，是大数据应用的重点领域之一，主要有以下几个方面的意义。

对内：优化管理模式

电力行业数据量大、类型多、价值高，对于电力企业盈利与控制水平的提升有很高的价值。有电网专家分析称，每当数据利用率调高 10%，便可使电网提高 20%~49% 的利润。

内部应用指运用大数据优化电力企业管理模式，提升电力企业经营管理水平，主要包括以下几个方面。

1. 支持基建决策

大数据技术有助于电力企业基础设施选址、建设的决策。例如丹麦风电公司 VESTAS 计划将全球天气系统数据与公司发电机数据结合，利用气温、气压、空气湿度、空气沉淀物、风向、风速等数据以及公司历史数据，通过使用超级计算机及大数据模型解决方案，来支持其风力发电机的选址，以充分利用风速、风力、气流等因素达到最大发电量，并降低能源成本。此外，VESTAS 还将添加全球森林砍伐追踪图、卫星图像、地理数据以及月相与潮汐数据，以便更好地支持基础建设的决策。

2. 升级客户分析

一方面，通过使用电力企业庞大的历史销量数据，进行用户用电行为分析和用户市场细分，使管理者能有针对性地优化营销组织，改善服务模式；另一方面，通过与外界数据的交换，挖掘用户用电与电价、天气、交通等因素所隐藏的关联关系，完善用户用电需求预测模型，进而为各级决策者提供多维、直观、全面、深入的预测数据，主动把握市场动态。

3. 提高智能控制

大数据技术将加速电力企业智能化控制的步伐，促进智能电网的发展。例如，通过为电力基础设施布置传感器，动态监控设施运行状况，并基于大数据分析挖掘理念和可视化展现技术手段，采用集成了在线检测、视频监控、应急指挥、检修查询等功能的“智能在线监控与可视化调度管理系统”，有效改变运维方式，从萌芽阶段消除部分运维故障，实现运维智能化。

4. 加强协同管理

整合电力行业生产、运营、销售、管理的数据，实现电力发电、输电、变电、配电、用电、调度全环节数据共享，以用电需求预测为驱动优化资源配置，协调电力生产、运维、销售的管理，提升生产效率和资源利用率。此外，电力企业各部门数据的集成将优化内部信息沟通，使财务、人事等工作的开展更顺畅，有助于企业实行精细化运营管理，提高集团管控水平。

对外：丰富增值业务

外部应用指利用电力行业大数据可获得的社会效益，主要包括以下几个方面。

1. 丰富增值服务

利用电力行业数据可给用户提供更加丰富的增值服务内容。例如，通过给用户提供其各月份分时明细用电视图，可让用户了解自身用电习惯并能根据需要进行调整，同时也使得电力收费过程更透明，将会给用户带来更大的节能空间。

2. 提供经济指导

作为重要经济先行数据，用电数据是一个地区经济运行的“风向标”，可作为投资决策者的参考依据。美国加州大学洛杉矶分校的研究者根据大数据理论，将人口调查信息、电力企业提供的用户实时用电信息和地理、气象等信息全部整合，设计了一款“电力地图”。该图以街区为单位，可以反映各时刻的用电量，并可将用电量与人的平均收入、建筑类型等信息进行比照。通过完善“电力地图”，能更准确地反映该区经济状况及各群体的行为习惯，以辅助投资者的决策，也可为城市和电网规划提供基础依据。

大数据时代为电力行业带来了新的发展机遇，同时也提出了新的挑战，通过良好的大数据管理，可以提高电力生产、营销及电网运维等方面的管理水平。为实践大数据战略，应做好以下准备工作。

东方祥云，气象预测及水资源综合分析平台

近年来，全球气候变化加剧，极端天气情况增多，洪涝、干旱、台风、暴雪等自然灾害频发。据中国国家防汛指挥部的统计，每年因洪灾损失超过 3 000 亿元人民币，因灾死亡人数超过 1 000 人，

其中 70% 的死亡人数是发生在山区小流域。随着社会经济的高速发展，水库在防洪中的地位和作用越来越突出，水库不仅要确保自身的安全，还要担负下游防洪和发电等其他综合利用任务，洪水预报和水库调度任务艰巨而复杂。全球已建成的水库、水电站大部分存在着设备老化，通信、预报、调度、管理技术落后等问题，无法满足对于减灾和兴利的需求。

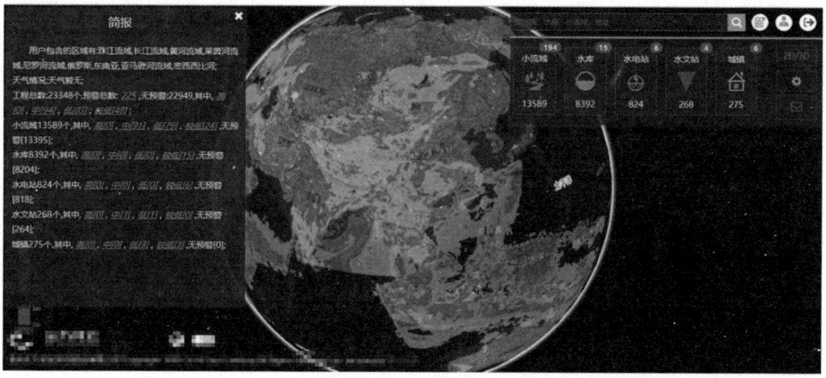

痛点：如何提高防洪预警的及时性和有效性，真正实现减灾兴利

传统水利信息化服务模式是通过在水系流域埋设传感器，建设遥测站收集雨量及水文数据，并通过通信系统把数据传回中心站进行分析处理，再根据分析结果进行洪水预报。该模式存在投资大、维护难、数据不全面、预见期短等问题，对于中小流域，特别是洪水陡涨陡落的山区小流域，传统洪水预报模式预见期很短，往往起不到预警防洪的作用，是每年汛期造成大量人员伤亡的主要原因。

数据支撑：全球气象数据采集

气象数据：来源于全球，气象数据来源于中国国家气象局、美国国家气象局、欧洲天气预报中心、日本气象厅等。

数据高程模型：东方祥云已经完成全球 30 米 DEM 数据的收集，根据这个数据已经生成精细化的全球水系图。同时还收集了 200 米地貌数据和 500 米土地利用数据。

影像数据：主要使用的是谷歌、必应、高德、天地图等。

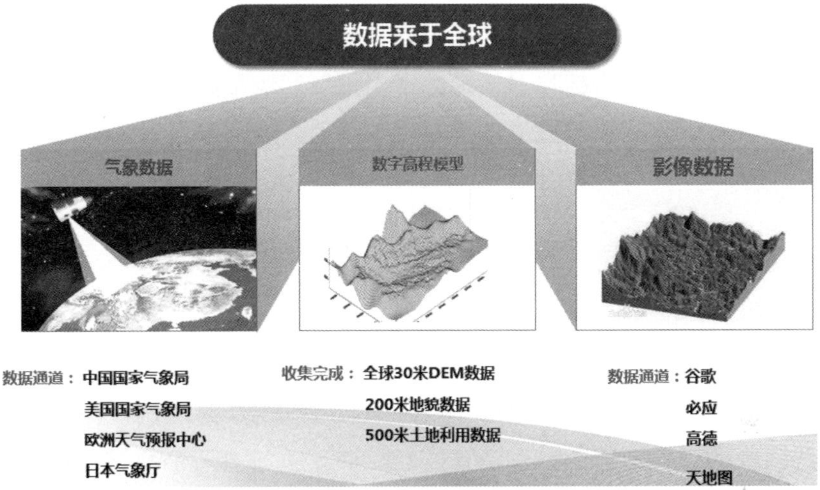

实现途径：数据全球采集，服务全球水利

“东方祥云”收集和处理公开的全球卫星遥感、地形地貌、气象预报等数据信息，并通过不断采集用户的特性数据，建立多元数据库。依靠自主研发的全球唯一通用洪水预报模型进行数据分析，实现全球范围内任意区域径流过程的预报，结合用户需要提供个性化产品及服务，用户利用互联网，可通过平台获得未来 1 小时、3 小时、6 小时、24 小时、72 小时的洪水总量、洪水过程、最大洪峰等预报数据，结合实际情况对水库、水电站进行科学调度。

东方祥云是水利、气象、信息技术的深度融合。在气象预报方面，对全球采集的气象数据进行加工清洗，形成数值化、网格化精细预报成果，目前能够预报全球范围 5 公里网格的小时降雨量；在水情预报方面采用了公司专注水利行业 16 年为用户提供洪水预报调度服务的基础上自主研发的 EC 模型，该模型计算准确、速度快，目前已获得了 4 项国家发明专利授权，是东方祥云的核心技术，这个模型最大的特点就是能够根据当地环境地形地貌、植被、土壤类型等自动分析参数，能够适应不同的地方；信息技术方面采用高速计算机集群，以及海量的存储系统和高带宽的网络结构，保证平台高速稳定的运行。根据目前中国水情预报的规范对东方祥云预报的洪峰、峰现时间和径流量进行的综合评定，准确率达到 87%，完全符合国家预报的发布要求。

应用场景：全球水利、水电减灾兴利的预报调度服务

“东方祥云”平台是面向全球水利、水电用户开发的大数据服务平台，该平台通过互联网为用户提供减灾兴利的预报调度服务，真正实现了传统的水利信息化服务模式向利用互联网和大数据分析手段服务模式的转变。主要服务内容如下：

1．基础服务：

东方祥云提供全球任意区域的实时降水，以及未来 72 小时的预测降水和来水服务，这是基础服务。

2．专业服务：

在基础服务之上对防汛工作提供决策和支持、对防汛部门提供预警服务，减少人员和经济损失，同时还能对水库水电站进行短期优化调度，提高发电效率，减少弃水。

3．决策支持：

对水利工程建设项目的规模、运行方式提供深层次的专业咨询意见。

应用优势：颠覆传统模式 重构行业生态

1. 成本低，不需要用户前期投入，无须建立大量的遥测站点、中心机房，只需要利用互联网，获取用户账号直接进入系统就可以获得降水及来水预报服务。可对全国 14.8 万座水库、水电站建设成本进行对比分析，可为用户降低 90% 的建设及运维成本。

2. 对用户的专业要求低。由于信息系统涉及数据库、计算机网络、传感器等诸多技术，对运行维护人员素质要求较高。目前的现状是每个水库都有一个信息中心，都配有服务器、网络、软件，但水库上很少有熟悉软件、硬件，又熟悉网络、通信、传感器的人才，一旦出问题，无法满足运行维护要求。常规模式建设的信息系统，都面临严重的运行维护挑战。而“东方祥云”的用户只需要接入互联网登录平台就可以查询降雨以及洪水预报的区域，无须用户进行后期维护。

3. 预见期长，传统洪水预报行业根据流域的大小不同，预见期一般从几十分钟到几个小时不等，“东方祥云”能够提供未来 72 小时的预见期，为防汛决策争取了时间，同时也为水电站发电提高效率。

5.2 “桑德”环卫云，点亮智慧城市生活

痛点解决：如何借助大数据重回青山绿水的日子

蓝蓝的天上白云飘，白云下面马儿跑，昨日的青山绿水，今日已不复存在，那些美好的日子，在我们念念不忘中如何才能昨日重

现？想要拥有过去的环境，清洁环境应首先被提及。而大数据、物联网、云计算等新一代技术的到来，无疑为环境清洁插上了一双隐形的翅膀，为解决环境问题提供了一剂良药。

桑德环境将自身环卫业务与互联网、大数据紧密结合在一起，发布的“环卫云平台”，以传统环卫服务为依托，利用互联网以及云计算等相关科技手段，构建以互联网环卫运营为核心的产业链，形成基层环卫运营、城市生活垃圾分类、再生资源回收、城乡最后一公里物流、依托环卫运营广告、环境大数据服务及其互联网增值服务融为一体的互联网环卫产业群，成为智慧城市建设的一部分。

数据支撑：物联网传感数据为主

环卫云平台的数据主要来源于物联网传感数据，包括基于人的数据和基于物的数据，然后通过数据汇聚、清洗、分析等手段，形成可视化的数据统计分析。

1. 环卫工人联网数据：环卫工人基本信息、环卫工人分布数据、环卫工人工作数据等。

2. 环卫桶、环卫亭等环卫设施联网形成物联网数据：环卫桶、环卫亭等环卫设施分布数据；环卫桶、环卫亭等环卫设施使用情况数据等。

3. 环卫车联网数据：GPS 信息、道路信息、运输信息等。

应用场景：让环卫工作可视化

环卫云平台通过垃圾桶、垃圾车、中转站、环卫工人等联网传感而来的数据，建立环卫数据库，通过数据挖掘与聚类分析，将数据可视化，可以更好地帮助环卫部门协调工作，提高工作效率，精细化作业，获得更多的附加价值。

应用场景主要集中在三个方面：

1. 合理调度：通过数据分析，合理调度垃圾车辆及环卫工人的作业。

2. 垃圾分类管理：垃圾管理更加精细化，更加科学化，提高垃圾利用率。

3. 广告精准推送：对环卫车辆、公厕、环卫工人服装、垃圾亭、环卫垃圾桶广告的管理、投放和分析统计。

4. 科学运营：让数据说话，用数据决策，更好地运营环卫工作。

实现路径：从过程到结果

桑德环卫云由采集层、网络层、支撑层、应用层组成，在获取各种基础环卫数据的基础上通过支撑层进行大数据分析、安全管理、内容管理，最终在应用层进行环卫运营管理、再生资源回收、快递物流、广告业务等服务。

应用效果：

人员、车辆合理调配。通过环卫云平台对环卫工人、巡查人员、车辆的作业线路和作业时间进行合理规划，以此来实时监管、调配环卫人员和车辆。

回收订单科学管理。环卫云回收业务可实现对回收订单和区域的规划，对回收订单以及库存的管理提供成本分析、盈利预测、智能决策等功能。

环卫广告精准投放。环卫云广告业务管理平台能够实现对环卫车辆、公厕、环卫工人服装、垃圾亭、环卫垃圾桶广告的管理、投放和分析统计，能够很好地为众多商家、公司共同拓展利润空间。

物流网络便利化。环卫云最大的优势是基于环卫工作的智能化、互联网化、机械化，环卫人员还可以完成快递的上门收取工作，形成覆盖城乡“最后一公里”的物流网络。

环卫系统数据共享。环卫云利用大数据、物联网等相关技术，可连接环卫工作所涉及的各类环卫设备、环卫作业人员、数字城管系统等，实现对环卫设备、环卫管理人员全过程的实时监管以及数据共享，形成一个信息互联互通的物联网络。

5.3 蔚蓝地图，环境治理风向标

痛点解决：穹顶之下，蓝天去哪儿

“雾霾之上，穹顶之下，我们同呼吸，共命运”——央视辞职记者关于雾霾的深度调查《穹顶之下》在各大视频网站播出后，让全国网友很是震撼，也让实时监测雾霾的 APP“污染地图”彻底火了一把。“污染地图”是阿里云于 2014 年 6 月推出的环境监测产品，当时可实时监测 190 个城市以及 3 000 家企业的污染数据，2015 年升级后更名为“蔚蓝地图”，新增了空气质量预报、霾预警，以及水质、水污染源实时监控数据等功能，旨在让公众参与环境治理，还世界一片碧海蓝天。

数据支撑：环境数据集成者

蔚蓝地图的数据主要来源于三大部分，这三大部分都是源自政府气象机构，首先是空气质量数据：主要指废气排放数据，包括污染物浓度、标准限值、超标倍数、排气量等；其次是水资源数据：水资源分布信息、水源质量检测数据等；最后是地点离散数据：主要指城市信息、企业分布数据等。

应用场景：

现在蔚蓝地图可以实时查询380个城市空气质量，同时具备天气预报、重点城市空气质量预报、每日口罩提醒、户外和通风指数以及各地河流湖泊水质等多种信息。“蔚蓝地图”还能实时查询全国9000家企业废气、废水排放数据，并可通过互动平台进行“环保微举报”帮助用户掌握各地空气和天气信息，获取运动、开窗等生活提示。

实现路径：

“蔚蓝地图”APP在调用地理数据库及水资源数据库的基础上实时监测企业的废弃排放数据，并对多省市废气污染源实时排放数据进行汇总，借助阿里云平台进行复杂的数据运算，最终在APP上展示城市污染指数排名、企业废气排放与超标信息、雾霾预警、水资源质量检测信息。

应用效果：

通过蔚蓝地图主要解决了三大问题。

1. 污染源信息公开。实时监测污染源信息并在APP上更新展示，便于群众及相关部门及时掌握污染源信息，督促相关部门第一时间进行治理。

空气质量预报。通过废气排放情况快速计算空气质量指数，进行空气质量等级排名及雾霾预警。

2. 企业排污排名。在地图上清晰标注超标排放废气企业的名称，并标注该企业排放有害气体的控制指标检测值及标准对照值，是否超标排放一目了然。

3. 城市环境评价。及时汇总多省市废弃污染源实时排放数据，对城市环境进行实时评价。

5.4 高校大数据，如何精准洞察学生

大数据：寻找校园中最孤独的人

电子科大曾做过一个课题——寻找校园中最孤独的人。他们从3万名在校生中，采集到了2亿多条行为数据，数据来自学生选课记录、进出图书馆、寝室，以及食堂用餐、超市购物等数据。通过对不同的校园一卡通、“一前一后刷卡”的记录进行分析，可以发现一个学生在学校有多少亲密朋友，比如恋人、闺蜜。

最后，通过这个课题找到了800多个校园中最孤独的人，他们平均在校两年半时间，一个知心朋友都没有。这些人中的17%可能产生心理疾病，剩下的则可能用意志力暂时战胜了症状，但需要学校和家长重点予以关爱。

利用大数据分析为贫困生充饭卡

每个月在食堂吃饭超过60顿、一个月总消费不足420元的，被列为受资助对象。据报道，南京理工大学教育基金会通过数据分析，每个月在食堂吃饭超过60顿、一个月总消费不足420元的，被列为受资助对象。南京理工大学还采取直接将补贴款打入学生饭

卡的方式，学生无须填表申请，不用审核。

在教育学习领域，大数据中提取价值的 5 种主要的技术如下：

1. 预测（Prediction）—— 觉知预料中的事实的可能性。

2. 聚类（Clustering）—— 发现自然集中起来的数据点。

3. 相关性挖掘（Relationship Mining）—— 发现各种变量之间的关系，并对其进行解码以便今后使用它们。

4. 升华人的判断（Distillation for Human Judgment）—— 建立可视的机器学习的模式。

5. 用模式进行发现（Discovery with Models）—— 使用通过大数据分析开发出的模式进行“元学习”（Meta-Study）。

5.5 税收大数据，为企业画像

痛点解决：怎样评估一家企业的真实经营情况

越来越多的传统企业互联网化，越来越多的企业开始 O2O 布局，实现在线交易与服务。我们通常会发现，在网上，一家特色餐厅星级高、好评如潮，每天就餐需预约排队，每月数万条品评留言。与之相对照，其每月申报表上体现的应纳税额却很低。如何看待该餐厅的网上留痕与纳税申报信息的巨大反差？应怎样评估该餐厅的真实经营成果？

互联网化的核心和本质实际上是数据化，而“互联网 + 税务”，则是要构建一种新的服务业态，怎样把大数据应用到税收，构建“互

联网 + 数据”的税收服务管理新模式呢？

应用场景：企业 360° 画像

在实践基础上，我们提出为企业“画像”的构想。即用数据勾勒出每个纳税人的 360° 立体画像，利用不同渠道获得的海量数据，全面、深度呈现每个企业、行业乃至整个经济体的真实面貌。

实现途径：外部数据与内部基础数据结合

用大数据“画像”，能够判断纳税人的共性需求，从而为满足普遍的服务要求指明了方向。利用税务平台内部的基础数据，通过数据的可视化来判定办税人员流量，再通过人均办税量来测定税务人员的工作强度，有的放矢地克服服务中的薄弱环节。要尽可能利用完整的数据，让数据发声，让数据增值，服务不同的需要。

用大数据“画像”，能够鉴别纳税人的个性化需求，从而提供差异化的针对服务。通过常年搜集纳税人的办税痕迹和“数据脚印”，税务部门能够把纳税人的个性化需求描述出来，根据企业画像中身份、需求的不同适当订制。例如，通过数据分析、挖掘后总结出的纳税人较为关心的税收优惠政策，税务部门可以将与之相关的优惠政策、优惠项目、优惠举措推送到纳税人手机端。利用大数据处理，对海量信息进行识别和分类，针对不同的企业特点画出不同的画像，进而量身订制税收政策、分类指导和优化服务类别，最终提高纳税服务满意度和纳税人的幸福指数。

应用效果：企业画像使税务部门的风险管控更具有针对性

用大数据“画像”，能够评估纳税人信用数据，从而使税务部门的风险管控更具针对性。税务部门利用大数据可以跨领域、跨行业跟踪、记录纳税人的投资、生产、分配和消费行为，通过汇总整合、分类统计、挑选去噪、深度挖掘等加工处理程序，立体化地呈现一个企业的真实图像，从而判定纳税人的税收信用等级。而整合社会信用评价体系中的数据、多方交互信息和来源于互联网等的评价信息则可以更快、更精准地为企业画像。这些信息能够帮助税务部门为企业定级，实现差异化管理，对于信用等级高的企业提供更优质的税收服务，以此来促进纳税遵从。

创新解读：了解宏观经济走势，掌握税收收入进度

用大数据“画像”，科学优化税负量度。通过对不同类型纳税人的微观数据和国家财政支出的宏观数据进行云计算与分析，测算出更加科学、优化、适宜现行国情的税收综合负担率，从而充分利用税务系统的数据优势，了解宏观经济走势，掌握税收收入进度。

5.6 公检法用“数据人”全方位获取侦查情报

痛点解决：怎样用大数据应对复杂多样的犯罪形势

就检察工作而言，其职务犯罪侦查工作模式也会受到大数据时代的冲击、影响。作为反腐败的重要力量，检察机关如何积极利用大数据中的海量数据，在职务犯罪线索的发现、侦查情报的获取、职务犯罪形势的分析以及刑事政策的制定等方面提高效率、提高查处犯罪的能力、提高科学决策的水平，以应对日益复杂、多样的犯罪形势？

应用场景：用“数据人”全方位获取侦查情报

在进行职务犯罪侦查中，当开始调查初查对象，检察官在讯问室面对犯罪嫌疑人，为了调查清楚犯罪，为了获得证据，最希望掌握的就是关于此人的全面的情报，越多越好，越详细越好，这样就能顺藤摸瓜、找到破绽。

例如，山东省青岛市建立了电子监督创新实践项目，专门设立纪检监察业务运行系统。这个纪检监察系统包括纪检监察机关内部办公平台、纠风工作网络化平台、纪检监察信访信息管理系统、行政效能投诉系统、干部因公出国审批以及机关公务用车购置审批等系统。通过信息化手段来监察机关公务人员行为，接收群众的投诉、信访、举报，同时又借助网络的匿名性、隐蔽性来保护腐败举报人的安全，这样无疑会扩大腐败信息的来源。

另外，还可以用大数据大幅提升反腐成效。职务犯罪侦查部门需要逐步吸纳相关技术人员进入侦查工作中。一方面逐步建立适合检察机关自身工作的情报系统、情报人员；另一方面更好地利用互联网所提供的海量数据为我所用。大数据可以在腐败的发现、调查和处理方面发挥特殊作用。科技推进了惩治腐败高效化，当各个官方防腐机构在工作中运用如举报电话、电子邮箱、录音、录像、网络举报平台等这些大数据手段，就会大大增加腐败信息的来源。

5.7 扶贫大数据，用大数据实现精准扶贫

痛点解决：如何实现精准扶贫

实现精准扶贫，要解决精准识别、精准帮扶、精准评估三个方面的问题，而将云计算、大数据技术应用到扶贫工作中，开展大数据精准扶贫，可有效把贫困人口找出来，把致贫原因摸清楚，把帮扶措施落到位。

实现途径：更快速、更准确识别贫困人口

识别贫困人员是开展扶贫工作的源头。以传统的建档立卡机制，并不能确保扶贫人员的精准识别。正确衡量个体的贫困程度，就必须从多个维度来考虑贫困的标准，包括支出、教育、健康、权利等多个维度，并且保持数据的及时性和真实性。

在全国的贫困人口数量的基础上，再考察多个维度的识别数据，无疑是 PB 级的海量数据，只能凭借大数据时代的先进技术才有可能解决对象识别和对象瞄准的问题。

应用场景：建立贫困指数

大数据精准扶贫就是采用大数据技术采集，比对内、外部数据，对贫困人员实施全面真实地识别与评估，为扶贫开发工作的规划与实施做参考依据。与此同时，通过大数据技术可以通过为每一位贫困户建立“贫困指数”，甄别出最贫困的乡、最贫困的村、最贫困的户，使贫困深度看得见、摸得着，实现由定性到定量的精准转变。

应用效果：大数据让扶贫措施精准到位

识别出贫困对象后，如何实现精准扶贫仍然面临巨大挑战。不同的贫苦类型要求采用不同的扶贫模式，盲目拨款不仅无法将政策切实落到真正贫困的地区、家庭和个人，更无法解决多样的贫困诉求，甚至滋生腐败。

然而，在建档立卡、项目资金、遍访等内部数据的基础上，通过与民政、教育、财政等部门数据、互联网数据对接以及大数据分析，可实现致贫原因的精准分析，并协助制定精准的扶贫措施。从而围绕因人因地施策，把产业脱贫、搬迁脱贫、生态脱贫、教育脱贫、保障脱贫等措施，落实到每一个贫困户，“一把钥匙开一把锁”，从而实现精准帮扶和精准脱贫。

应用拓展：大数据监测和评估为科学决策提供支撑

运用大数据技术还可以全面、动态地掌控扶贫项目实施与资金的使用进度情况，保障扶贫项目精准到位、合理开发，保障财政专项扶贫资金安全、有效地运行，最大程度发挥扶贫资金的使用效益。

实现扶贫的精准管理，除了要确保扶贫资金准确到位之外，更要根据实际变化，对扶贫对象、扶贫标准进行及时调整，确保扶贫信息真实、可靠、管用。采用大数据手段采集与贫困人员、扶贫项目等内、外部的相关数据，健全贫困监测指标体系，可真实、准确、科学、合理地评估贫困地区、贫困人口状况及扶贫项目效益，为制定科学扶贫政策提供数据支撑。

5.8 廉政大数据，“数据铁笼”制约权力

痛点解决：怎样将权力有效约束起来

权力滥用是政务管理中不可避免的问题之一，尽管已采取很多有效措施强化对权力运行的监督制约，也取得了明显成效。但在一些领域和环节仍然存在着监督盲区，致使腐败案件屡屡发生。进入大数据时代，怎样运用大数据，对干部权力进行约束，进行科学化的管制，是摆在管理者面前的一道难题。数据铁笼就是针对权力监管这一痛点量身打造的大数据管理系统，也是利用互联网监督权力运行的有益尝试。

应用场景：让权力在阳光下运行

“数据铁笼”，是贵阳市运用大数据技术手段，是权力运行全程数据化，倒逼行政权力部门认真履职，规范执法、优化服务，努力提高政府效能的管理创新。运用大数据，贵阳把政务公开、依法行政、治理能力提升、源头防腐有机结合，实现了行政权力运行的流程再造，约束政府依法行政，以及推动与群众“扁平化”的关系。

“数据铁笼”把能够纳入网络的行政权力全部纳入网络运行，

通过制定统一的数据技术标准，优化、细化、固化权力运行流程和办理环节，合理、合法地分配各项职责，实现网上办公、网上审批、网上执法，权力运行全程电子化、处处留“痕迹”，让权力在“阳光”下清晰、透明、规范运行，置于社会公众的监督之下。

应用范围：政府所有组成部门及权力单位

贵阳市“数据铁笼”工程建设实施单位，总数达到40家，“数据铁笼”工程建设覆盖市政府所有组成部门。数据铁笼整合了审批事项网上受理、全程在线办理，实现了市、县（市、区）、乡三级联动，让数据多跑腿、群众少跑路，促进了政府职能从重管理向重服务转变，提升了政府公信力和良好形象。

应用效果：政府行政权力透明可控

“事前防控研判、事中预警督办、事后分析追溯”的操作方式，使行政机关及其工作人员办事处处留“痕迹”，透明公开的工作机制为预防和惩治腐败提供科学依据，有效规范权力运行，消除和杜绝腐败问题。

创新解读：全新监督方式途径，丰富行政监督体系

数据铁笼这种全新的监督方式和途径，使监督更加客观、公正、准确、及时，进一步拓展和丰富了行政监督体系。其独特之处是通过大数据融合分析来提高对权力运行过程中监督的实时性和有效性，变人为监督为数据监督、事后监督为过程监督、个体监督为整体监督。更重要的一点是，使权力运行过程中每一个环节的风险都能够在过程中被及时发现、预警和分层次推送，从而真正实现了变事后监督为过程监督。

5.9 气象大数据，“气象万千”的神秘力量

痛点解决：气象大数据怎样满足多领域市场需求

气象与消费、气象与旅游、气象与防灾减灾等有着千丝万缕的联系。不少行业，如农业、交通业、建筑业、旅游业、销售业、保险业等，无一例外与天气的变化息息相关。在大数据时代，气象服务在不断地拓宽领域，从最基础的天气预报到现有的气候预测、气候可行性论证、公共气象服务、专业专项气象服务、气象防灾减灾，为社会创造财富、减轻损失。围绕社会市场需求，贵州深化气象万千大数据等平台的应用开发，积极拓展气象大数据市场运用空间。

数据支撑：汇集各类气象数据和互联网数据

气象部门数据库：气象数据包括气象观测数据和气象产品数据。主要来源于多个地面站、多个高空探测站、在轨卫星、自动监测站、农业监测站、雷达站等监测数据，逐日逐小时甚至到逐分扫描着各种各样的大气数据。

互联网数据：气象大数据要与各领域跨界融合，必须与各行业的数据进行关联分析，所以气象万千的另一部分数据来源各领域的互联网数据，包括消费数据，旅游数据等。

实现途径：建立气象大数据分析模型

气象大数据就是气象数据加上行业数据，通过确立一定的规则，对这些数据进行深入分析并最终进行量化，从而对未来进行预测。

与政府部门、企业、社会组织等紧密合作，提供更贴近民生、贴近生产、贴近实际，并且更为准确、更个性化的气象服务产品。气象万千大数据平台为气象预报研判、信息检索、领导决策提供高效、强大的数据支撑。在消费领域，通过气象数据和互联网消费数据的整合、共享、开发和利用，贵州气象已经成功推出首个具有自主知识产权的“气象与消费”大数据分析模型，并生成大数据分析报告发布，引起社会各界广泛关注，反响热烈。

应用场景：挖掘气象数据与消费之间的关系

气象大数据的应用场景很广泛，从宏观上来说，依靠气象数据分析，可以应对气候变化，掌握气候变化规律，从而指导农业生产。另外气象数据客观、稳定、量大，而且气象和各行各业的相关性非常高，可以应用到商业领域与政府防灾减灾中。

贵州目前推出的“气象与消费”大数据分析模型结合天气信息和互联网的消费数据，挖掘出更加广泛精确的气象与消费之间的关系。从目前的分析得出，随着各季节温度的变化，各类商品销售数据不仅会受到地域的影响，还会受到不同小气候区域影响。除了气温，降水也会对人们的消费行为产生影响，特别是对于一些生活类的消费影响尤为明显。

5.10 农业大数据，农业种植精准化

痛点解决：怎样将农业种植做到精准

农业是一个很古老的行业，在几千年的中国历史中，中国农民始终都是靠天吃饭，收成全凭老天爷脸色。即使不遭受自然灾害的

打击，也会有时候由于对市场判断不准确，辛辛苦苦种出来的东西却卖不出去，“菜贱伤农”的事件时有发生。经常看到新闻里报道大批的香蕉或者白菜卖不出去被迫“倒掉”，可以说触目惊心。大数据的崛起，许多传统产业都发生了翻天覆地的变化，这其中就包括了人类最悠久的产业“农业”。怎样利用大数据帮助农民生产农作物的同时更高效地利用资源，促进农作物增产，减少病虫害带来的损失，是农业大数据亟须解决的问题。

数据支撑：农业生产种植数据的有机整合

农业大数据的数据来源主要来源于气象数据、土壤数据以及农业生产管理数据，这三者数据相互关联，相互印证。

气象数据主要分为四大部分：天气、降雨、温度、光照。再细分的话可以细分到空气温度、空气湿度、光照时长、光照强度、降雨量、风速、风向、二氧化碳浓度等。

土壤数据主要包括：土壤有机质数据、土壤微量元素、土壤酸碱度数据。例如土壤温度、土壤含水率、土壤 pH 值、土壤 EC 值等。

生产管理数据主要包括：营养需求量、生长周期、最适条件。例如水泵压力、水肥流量、设备运行记录、耕种、施肥、浇水、种植、喷洒和收割等数据。

应用场景：全方位指导农业精准作业

通过实施精准种植，可以向农户提供天气保险、提供生物制剂、提供解决方案等各项服务。合理安排农作物种植计划，将农民的生产与耕作进行精细化管理。合理安排农作物种植计划，将农民的生产与耕作进行精细化管理，降低人力成本，实现农业生产利润收益最大化。

1. 促成农作物增收。不同区域位置、不同土壤情况下进行不同农作物品种的不同间距、不同深度的播种，从而极大优化农作物的种植，并帮助实现差异化灌溉。

2. 降低资源和生产成本。通过了解植物不同的生长周期营养需求量，及时采取灌溉施肥等手段，既节约资源，又能节约成本。

3. 减少天气危害及时预警。通过对气象实时监测，当有恶劣天气发生，及时让农户做好预防灾害的措施，减少气象对农作物的危害。

4. 精细标准种植，降低水肥成本。根据种植的标准流程以及实时采集的各种环境数据，严格控制水肥的使用量，有效节约水肥成本。

实现路径：全方位指导农业精准作业

通过对土壤数据、气象数据、作物生长周期以及其他重要指标的分析，实现农作物的精准种植。通过传感器对园区数据进行高精准实时采集。数据采集上传之后，在云平台中进行分析统计计算，自动生成各种报表。技术人员可便捷参考各项数据，为种植管理做出精准快速的决策。

5.11 交通大数据，让出行更智能

每次出门，是否总担心路上遇到交通拥堵？每次行车，是否总害怕前方遇上交通事故？这些问题，恐怕当今社会每个人都曾遭遇过。通过现有的 IT 技术在大数据时代背景下，完全可以打造出一座智慧之城。

痛点解决：怎样推动智能交通产业迅速向前

城市迅速发展的背后，非常突出的问题是交通拥堵、交通污染日益严重，交通事故频繁发生，这些都是各大城市亟待解决的问题。我们渴望越来越智能的交通，渴望越来越便捷的生活，当智能交通遇到大数据，就如同遇到了催化剂，一场剧烈的化学反应加剧了智能交通与大数据的共同发展。

智能交通是改善城市交通的关键所在。为此，及时、准确获取交通数据并构建交通数据处理模型是建设智能交通的前提，而这一难题可以通过大数据技术得到解决。

数据支撑：交通监管部门管理数据

数据主要来源于交通监管部门管理数据，包括高清监控视频、卡口数据、线圈微采集波数据以及路况数据，行车记录、统计分析交通拥堵路段、司机车辆数据等。

实现途径：多样化数据的智能研判

利用大数据技术，结合高清监控视频、卡口数据、线圈微采集波数据等，再辅以智能研判，基本可以实现路口的自适应以及信号配时的优化。大数据分析研判功能，还可以支持对卡口数据、视频监控数据进行二次识别，提高车辆信息的准确性，进而利用大数据实现轨迹分析、落脚点分析、隐匿车辆分析等功能。

云计算在很大程度上蕴含了交通作为城市动脉的数据流。通过视频监控，采集各个道路视频摄像头信息，并对比历史记录和实时车流、人流进行分析，可以计算和预测该路段当前、未来的交通情况，也可以动态调整交通状况并实时预警。云计算平台还可以跟踪车辆的行车记录、统计分析交通拥堵路段。以往需要人工参与并监控的交通拥堵和车祸等信息，现在完全可以交由该平台进行处理，主动分析摄像头搜集的各个路段信息，并分析视频、主动报警、主动通知用户。

应用场景：多维度优化交通质量与效率

1．提升单一路口或区域的通行效率

通过大数据分析，得出区域内多路口综合通行能力，用于区域内多路口红绿灯配时优化，达到提升单一路口或区域内的通行效率。

2．全程追踪监控车辆不同场景

对车辆大数据进行深入挖掘，实现事前全面监控、事中及时追踪、事后准确回溯的不同场景需求。结合智能算法，二次识别等功能，可以更准确的识别车牌、车身颜色、车型、车标、年款等特征，并且对遮阳板检测、安全带检测、接打电话检测、司机人脸识别等进行分析。例如常州市建设的车辆大数据平台来说，能够协助有关部门每天自动发现套牌车辆 10 余起，再根据车辆的轨迹分析和落脚点分析，快速找到套牌车辆进行处罚管理。

3．实时路况监测与行驶路线推荐

利用智能交通的管理系统，可以获取道路天气、施工情况、事故情况、结合大数据分析，为出行司机和交管部门提供天气、路面状况、事故易发地点、停车场等信息，并根据车辆目的地、行驶习惯，路面情况推荐行驶路线。

5.12 出版大数据，促进新闻出版行业内容再生

痛点解决：如何标准化运用出版行业数据

长期以来，新闻出版行业大数据建设面临着很多突出的问题，一是数据标准不统一，虽然新闻出版业出台了一系列规范数据采集与管理的国家标准和行业标准，但由于各种原因，造成了实践中的数据标准不统一。二是数据体系不健全，行业数据缺乏衔接，数据孤岛现象依然很严重，与行业外数据难以有效关联。三是行业内上下游之间由于缺少健全合理的数据交换共享机制，造成数据流通不顺畅。四是数据应用不充分，行业内数据资产管理意识普遍较低，对数据的价值认识不到位，不想用、不会用、不敢用的现象比较普遍。

出版行业如何才能解决这一痛点，更好地利用出版行业内以及行业外的数据，是整个新闻出版行业亟须解决的问题之一。

数据来源：行业内外数据集合

出版行业的数据大体来说，主要涉及两大数据来源，一是行业外数据，二是行业内数据。行业外数据是指外部国民经济行业领域各企业的生产活动数据与生产需求数据、源自公民个体行为的生活活动数据与生活需求数据，还包括相关机构的活动数据与需求数据。行业内数据是指新闻出版业内相关数据，可以再细分为不同层次，信息内容资源数据、信息内容产品数据、元数据、市场数据等。行业内数据与行业外数据将相互关联，在市场运营、产业应用中相互影响，为新闻出版行业、其他学科领域和社会公众提供管理服务、行业服务和各类公共服务。

应用场景：通过数据运营实现有效生产

新闻出版行业与其他行业一样，同样有对大数据的需求，同样有基于数据汇聚于分析、指导再生与运营的大数据应用。新闻出版行业同内部数据的汇聚与外部数据的采集，通过分析市场数据以及用户数据，了解他们的需求与行为，加快分析、挖掘先关数据价值，实现有效生产与运营。只有了解大众的文化需求，洞察民众的文化心理诉求，才能出版制作出符合社会主流文化需要的文化产品。

5.13 洞察数据优势，服务智慧轨道建设

随着城市轨道交通的快速发展，轨道交通建设在全国掀起建设浪潮，截至目前，全国有 43 个城市的轨道交通建设规划获得批复，

规划总里程约 8 600 公里。城市轨道交通平均每公里投资 7 亿元，按照规划测算，一年投资超过 3 000 亿元，说明我国城市轨道交通发展空间巨大。

轨道交通行业是最大的数据行业之一，轨道交通行业对数据资产应用价值潜力巨大。在互联网 +、大数据时代，数据的价值和重要性将逐步体现，设计图纸数据、地下管线数据、地质数据、项目工程数据、设备设施数据、材料价格数据、企业资质数据、区域人工价格数据、质量检验数据等信息量庞大，建立和完善企业的大数据决定了轨道交通行业企业的核心竞争力。企业要提高竞争力、实现持续发展，就必须将企业业务、技术和管理信息全面实现数据化，要用大数据思维，提升宏观把控和微观决策水平，充分运用大数据制定企业发展战略，进行战略决策。

滨海新区轨道交通 Z4 线是天津轨道交通网络规划中“两横两纵”市域线中的一条纵线。作为新区在沿海发展带布设的一条南北向轨道交通线路，Z4 线串联起汉沽、生态城、北塘、开发区、天碱商务区、于家堡、中部新城。其中，一期工程全长 43.8 公里，共设车站 23 座（地下车站 10 座，高架车站 13 座）。Z4 线建设将实现绿色化、智慧化、经营化的目标，充分利用云计算和大数据等技术，积极探索城市轨道行业大数据的应用给轨道交通的管理、决策、规划和运营、服务以及主动安全防范带来的价值，同时基于轨道交通大数据分析为轨道交通建设项目管理提供了新的理念、模式和手段。

痛点解决：如何用大数据服务轨道交通的规划设计与施工管理

城市轨道交通的规划设计是轨道交通建设的重要环节，规划地形设计、规划线路设计、规划建筑设计等，需要大量的数据资料分析，因此如何快捷准确地为各级审批部门提供数据决策分析是建设单位迫切需要解决的重大课题。城市轨道建设参建单位多、技术复杂、管理难度极大，数据和信息传递不及时，业主如何通过大数据分析来预测预警工程建设复杂节点，全面监控工程建设质量、防范安全事故的发生，是建设单位管理者需高度关注的问题。

实现途径：全面整合轨道行业数据，打造轨道建设大数据平台

轨道建设大数据平台整合了全线的地质数据、管线数据、GIS 数据、周边环境数据、规划设计数据、风险源数据，轨道交通设施设备数据等，并通过 BIM（建筑信息模型）技术，建立三维数字模型。同时将各工程项目全生命周期中产生的进度数据、质量监管数据、成本数据以及将来在运维阶段的能耗数据和设备设施运维数据进行采集、处理和加工，并与相关的管理数据进行对接，形成行业大数据。通过多维属性深度分析，可视化呈现，所见即所得，可以清晰直观地为各级领导快速决策提供科学依据，为建设单位项目管理提供数据支撑。

标准一：数据采集标准

通过建立三维数字化为主的数据采集标准，规范数据采集方法，统一数据类型，满足数据在设计、施工、造价算量的应用，通过不断完善、深化数据采集，保证数据前后的连续性、一致性，并最终建立以轨道交通设施设备为核心的数据库系统，为轨道行业设施设备的数据分析应用奠定基础。

标准二：数据应用标准

围绕轨道交通行业需求，按照数据采集标准收集轨道交通相关数据，利用大数据分析，建立数据分析报表如三维可视化数据展示、成本分析报表、轨道建设分析报表等，为决策者提供直观、详细的数据展示，辅助决策者决策分析。此外，通过数据分析，对轨道建设中进度、质量、成本及安全风险隐患进行预测，及时预警给相关人员，并通过数据分析，为决策者提供最优解决方案。

标准三：行业维度标准

依托轨道大数据管理平台的构建，将行业全产业链涵盖的维度进行整合梳理，综合轨道交通行业大数据的业主、政府部门、供货商、施工单位、监理单位、设计单位等方面进行维度细切，细分出更多的维度，让数据更加精细化、通用化。

应用范围：可以涵盖到轨道交通建设全产业链

轨道大数据可以涵盖到勘察设计、施工管理、运营维护等各环节，并将带来全产业链的应用。这条数据产业链上的利益相关者和用途主要有以下类型：

相关者	数据关系	数据价值
设计院	勘察规划数据	提高规划设计质量，加快决策分析
业主单位	工程数据	利用大数据进行进度、质量、安全管理，设备选型，合理成本管控
施工单位	项目工程量、材料价格数据	材料进场分析，工程成本控制分析
监理单位	质量信息	质量管理，检测信息
设备供货商	招标需求及设备清单	快速发现客户，了解市场行情和需求
运营单位	设备设施信息、客流信息	备品备件信息及市场行情、设备维护管理、客流预测

应用场景：为多部门提供大数据智能化分析决策

通过采集和分析大量内部和外部的数据，获得有价值的信息。通过数据分析和挖掘，可以进行合理规划、预算市场需求、分析成本，进行智能化的决策分析，通过对轨道行业设备设施数据、工程项目数据、成本数据的积累、清洗、挖掘及应用，帮助企业做好投资管控、成本预算、项目管控、风险预警。

BIG DATA ASSET

大数据资产

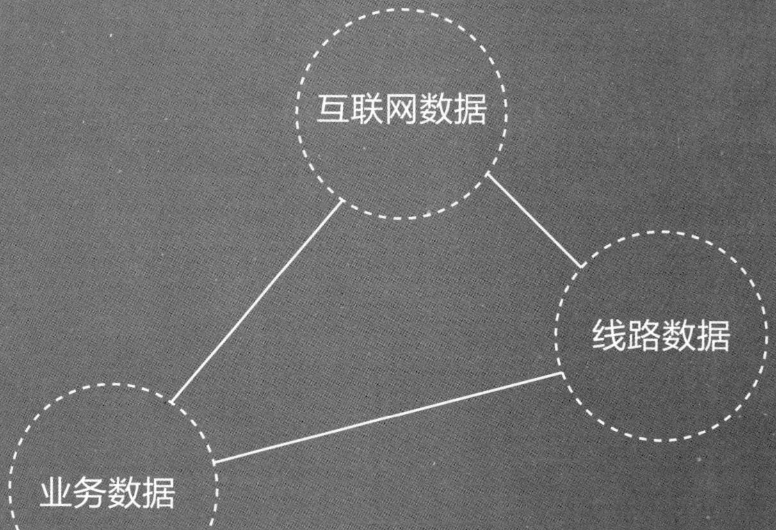

中科点击®
ZHONGKEDIANJI

PART 04

商用篇

大数据在行业中的应用

第六章

行业大数据应用概述

6.1 行业大数据应用现状

几乎没有大数据企业对外公布经过审计的销售额和利润总额，绝大多数大数据企业仍然处于创业期，没有实现盈利，仍处于资本投入期。80% 大数据企业销售额低于亿元，同质化开始，竞争逐渐远离蓝海。讲故事的大数据企业过多，概念多于实际的商业价值。

企业的大数据投资主要集中在存储、计算、分析平台。数据同业务相结合的案例太少，数据带来商业价值的案例太少。这些都是大数据产业发展过程中出现的“发烧”症状，也是产业发展必须经历的进程。任何一个新兴产业发展必然要经历从不理智到理智的阶段，只有经过百花齐放，大浪淘沙之后，优质的企业才能够生存下来，成为行业的领导者。2000 年的互联网泡沫和 2010 年左右的电商和“百团大战”，都是产业发展必须经历的阶段。

每一个新兴的行业都将经历一个从概念到应用的过程，大数据技术最终的目的还是应用。从 2016 年开始，大数据企业不再谈技术和概念，谈的是商业案例和数据价值。越来越多的数据案例被挖掘出来，正在成为企业效仿的对象。企业也主动邀请大数据企业前来洽谈，寻找合作机会，共同寻找数据应用场景。过去是大数据企业给企业洗脑，提升数据意识，现在是企业主动接触大数据企业，提出业务需求，探讨如何利用数据分析和外部数据，来寻找新的商业机会。

数据技术和价值的应用正在帮助企业提升业务运营水平，从商业价值出发，数据帮助企业做了过去企业都在做的事情。

目前，在中国有三类典型的大数据企业。

第一类是大数据技术平台公司。专门为企业提供大数据存储、计算、挖掘、分析服务。例如星环、华为、IBM、SAS、SAP，Teradata 等。

第二类是大数据专业分析和工具型公司。主要深入企业内部帮助企业利用数据解决实际业务问题，例如埃森哲、IBM、Palantir、TalkingData 等。

第三类是为企业提供大数据产品的公司。主要是依托公司拥有的数据源，利用采集或收集的数据，为企业提供通用的数据产品。如中科点击、慧数科技、前海征信、芝麻信用、三大运营商、银联数据、九次方、金电联行、法海风控等。

业务需求推动技术创新，商业与管理的现代化、信息化促进了业务应用由旧模式向新模式转变，各行业对大数据的应用已经初见端倪，随着中国企业数据中心数据存储量的快速增长，非结构化数据呈指数级增长，有效地处理和分析结构化数据和非结构化数据中所富含的对企业有价值的信息将带动新的盈利模式、管理模式、创新模式以及思维模式。

大数据技术的普及应用，正如当年互联网技术的普及应用一样，将渗透到各个领域，并逐渐影响着每一个人的生活。总体来看，目前大数据在各行业中的应用并没有遍地开花，只是在部分行业出现一些落地化产品，未来这是个很大的市场，会催生一系列行业大数据应用平台。

大数据在行业应用中面临的主要挑战：

挑战一：数据来源错综复杂

丰富的数据源是大数据产业发展的前提。而我国数字化的数据资源总量远远低于欧美，每年新增数据量仅为美国的7%，欧洲的12%。就已有限的数据资源来说，还存在标准化、准确性、完整性低，利用价值不高的情况，这大大降低了数据的价值。

每时每刻产生的大量数据，如何聚合，如何“清洗”大数据始终是摆在大数据应用面前的一道难题。但是大数据重应用，就需要对数据进行智能处理，分析和挖掘商业价值，促进数据变现。

做大数据首先得有数据，数据从哪里来？数据采集是必不可少的环节，所有的应用都需要以采集到的精准数据做支撑，而目前面临的问题是数据缺失和数据不准确，以及采集速度慢。

做行业大数据应用平台，除了数据的量庞大以外，数据来源也错综复杂，主要有以下几个方面。

手机、智能手表、智能手环等各种可穿戴设备也在无时无刻地产生着数据；就连我们家里的路由器、电视机、空调、冰箱、饮水机、净化器等也开始越来越智能并且具备了联网功能，这些家用电器在更好地服务我们的同时，也在产生着大量的数据；甚至我们出去逛街，商户的Wi-Fi，运营商的3G网络，无处不在的摄像头电子眼，百货大楼的自助屏幕，银行的ATM，加油站以及遍布各个便利店的刷卡机等也都在产生着数据。

随着移动互联时代，手机等各种网络入口成为数据的传感器，对个人数据进行采集、存储、使用、分享，对地理位置等记录下来，成为海量无序数据中的一个数列，和其他数据进行整合分析。通过这些数据可以分析出用户的消费习惯、阅读习惯甚至生活习惯，成为用户画像的一部分。

挑战二：建立数据挖掘分析模型

步入大数据时代，人们纷纷在谈论大数据，似乎这已经成为新的潮流趋势。数据比以往任何时候都更加根植于我们生活中的每一个角落。我们试图用数据去解决问题、改善福利，并且促成新的经济繁荣。人们纷纷流露出去大数据的高期待以及对大数据分析技术的格外看好。然而，关于大数据分析，人们鼓吹其神奇价值的喧嚣声浪甚高，却鲜见其实际运用得法的模式和方法。造成这种窘境的原因主要有以下两点：一是对于大数据分析的价值逻辑尚缺乏足够深刻的洞察；二是大数据分析中的某些重大要件或技术还不成熟。大数据时代下数据的海量增长以及缺乏这种大数据分析逻辑以及大数据技术的待发展，正是在大数据时代下我们面临的挑战。

大数据的大，一般人认为是指数据规模的海量。随着人类在数据记录、获取及传输方面的技术革命，造成了数据获得的便捷与低成本，这便使原有的以高成本方式获得的描述人类态度或行为的、数据有限的小数据已然变成了一个巨大的、海量规模的数据包。这其实是一种片面认识。其实，前大数据时代也有海量的数据集，但由于其维度单一，以及和人或社会有机活动状态的剥离，使其分析和认识真相的价值极为有限。大数据的真正价值并不在于它的大，而在于它的全面：空间维度上的多角度、多层次信息的交叉复现；时间维度上的与人或社会有机体的活动相关联的信息的持续呈现。

因此，现在已经有很多企业开始意识到，要想真正在 Hadoop 平台上做数据分析、数据挖掘的应用，有两种选择，要么是汇聚一个懂数据、懂分析、懂编程又要有技巧的技术团队来操作，要么是选择某家商业公司推出的成熟的大数据平台。

总而言之，目前尽管计算机智能化有了很大进步，但还只能针对小规模、有结构或类结构的数据进行分析，谈不上深层次的数据挖掘，现有的数据挖掘算法在不同行业中还难以通用。

挑战三：数据开放与隐私的权衡

数据应用的前提是数据开放，目前我国一些部门和机构拥有大量数据，宁愿自己不用也不愿提供给有关部门共享，导致信息不完整或重复投资。

纵观国内，我国政府、企业和行业信息化系统建设往往缺少统一规划和科学论证，系统之间缺乏统一的标准，形成了众多“信息孤岛”，而且受行业垄断和商业利益所限，数据开放程度较低，以邻为壑、共享难，这给数据利用造成极大障碍。制约我国数据资源开放和共享的一个重要因素是政策法规不完善，大数据挖掘缺乏相应的立法，毕竟我国还没有国家层面的专门适合数据共享的国家法律，只有相关的条例、法规、章程、意见等。无法既保证共享又防止滥用，一方面欠缺推动政府和公共数据的政策，另一方面数据保护和隐私保护方面的制度不完善抑制了开放的积极性。因此，建立一个良性发展的数据共享生态系统，是我国大数据发展需要迈过去的一道坎。

开放与隐私如何平衡，亦是一大难题。任何技术都是双刃剑，大数据也不例外。如何在推动数据全面开放、应用和共享的同时有效地保护公民、企业隐私，逐步加强隐私立法，将是大数据时代的一个重大挑战。

全社会开放与共享数据还很难，这让数据质量大打折扣。数据增值的关键在于整合，但自由整合的前提是数据的开放。在大数据的时代，开放数据的意义，不仅仅是满足公民的知情权，更在于让大数据时代最重要的生产资料、生活数据自由地流动起来，准确全面应用起来，以推动知识经济和网络经济的发展，促进中国的经济增长由粗放型向精细型转型升级。然而战略观念上的缺失、政府机构协调困难、企业对数据共享的认识不足及投入不够、科学家对大数据的渴望无法满足等都是大数据在当前我国发展应用中不得不面对的困难。

挑战四：大数据管理与决策

大数据的技术挑战显而易见，但其带来的决策挑战更为艰巨。大数据至关重要的方面，就是它会直接影响组织怎样做决策、谁来做决策。在信息有限、获取成本高昂且没有被数字化的时代，组织内做重大决策的人，都是典型的位高权重的人，要不然就是高价请来的拥有专业技能和显赫履历的外部智囊。但是，在今时今日的商业世界中，高管的决策仍然更多地依赖个人经验和直觉，而不是基于数据。

大数据开发的根本目的是以数据分析为基础，帮助人们做出更明智的决策，优化企业和社会运转。《哈佛商业评论》说，大数据本质上是“一场管理革命”。大数据时代的决策不能仅凭经验，而真正要“拿数据说话”。因此，大数据能够真正发挥作用，从深层次来看，还要改善我们的管理模式，需要管理方式和架构的与大数据技术工具相适配。这或许是我们最难迈过的一道坎了。

大数据应用领域仍狭小，应用费用过高，制约了大数据的应用。国内能利用大数据背后产业价值的行业主要集中在金融、电信、能源、证券、烟草等超大型、垄断型企业。

挑战五：大数据人才紧缺

如果说，以 Hadoop 为代表的大数据是一头小象，那么企业必须有能够驯服它的驯兽师。在很多企业热烈拥抱大数据技术时，精通大数据技术的相关人才也成为一个大缺口。

大数据建设的每个环节都需要依靠专业人员完成，因此，必须培养和造就一支懂指挥、懂技术、懂管理的大数据建设专业人才队伍。

可以说，真正启动大数据在企业和社会的全面应用，面临的不仅仅是技术和工具问题，更重要的是要转变经营思维和组织架构，才能真正地挖掘这座大数据“金矿”。

6.2　行业数据量及其特征

国内大数据产业已经从初期探索阶段到了市场高度认同，产业链相对完善的阶段，大数据企业已经从初期小规模探索式的、定位不明确的发展到了定位清晰、业务方向明确的阶段。做行业大数据应用，必须要理清楚行业数据的特征

1. 行业大数据具有时效性

数据的时效性同样决定了大数据分析结果。我们需要根据不同的需求来确认数据的时效性，过时的东西我们即使分析出来了也不会我对决策产生影响。例如，对于投资行业来说，这一时效性是至关重要的，投资行业需要根据市场上的数据快速的分析出结果，分析结果出现得越快，给用户带来的利益可能就更大，相反甚至可能造成资金损失。

2. 行业大数据具有全量性

在小数据时代，我们要做调研，要做数据分析，往往采用的

是抽样调查，基于一个样本的数据分析，这个样本的大小有可能是10 万，也有可能是 100 万，但是不能完全代表事实的真相。在大数据时代，需要全部数据样本而不是抽样，你不知道的事情比你知道的事情更重要，但如果现在数据足够多，它会让人能够看得见、摸得着规律。数据这么大、这么多，所以人们觉得有足够的能力把握未来，对不确定状态的一种判断，从而做出自己的决定。这些东西我们听起来都是非常原始的，但是实际上背后的思维方式，和我们今天所讲的大数据是非常像的。

3. 行业大数据讲求效率

关注效率而不是精确度，大数据标志着人类在寻求量化和认识世界的道路上前进了一大步，过去不可计量、存储、分析和共享的很多东西都被数据化了，拥有大量的数据和更多不那么精确的数据为我们理解世界打开了一扇新的大门。大数据能提高生产效率和销售效率，原因是大数据能够让我们知道市场的需要，人的消费需要。大数据让企业的决策更科学，由关注精确度转变为关注效率的提高，大数据分析能提高企业的效率。在快速变化的市场，快速预测、快速决策、快速创新、快速定制、快速生产、快速上市成为企业行动的准则，也就是说，速度就是价值，效率就是价值，而这一切离不开大数据思维。

4. 行业大数据具有相关性

数据重要，但是比数据更重要的是数据之间的关系，以及数据之间的相关性。但要注意的是，关注相关性而不是因果关系，社会需要放弃它对因果关系的渴求，而仅需关注相关关系，也就是说只需要知道是什么，而不需要知道为什么。这就推翻了自古以来的惯例，而我们做决定和理解现实的最基本方式也将受到挑战。

在这个不确定的时代里，等我们去找到准确的因果关系，再去办事的时候，这个事情早已经不值得办了。所以“大数据”时代的思维有点像回到了工业社会时的机械思维——机械思维就是说我按那个按钮，一定会出现相应的结果，是这样状态。而农业社会往前推，不需要找到中间非常紧密的、明确的因果关系，只需要找到相关关系，只需要找到迹象就可以了。社会因此放弃了寻找因果关系的传统偏好，开始挖掘相关关系的好处。

5．行业大数据具有预测性

从不能预测转变为可以预测，大数据的核心就是预测。大数据能够做到从已知判断未知，让历史照进现实。大数据能够预测体现在很多方面，大数据不是要教机器像人一样思考，相反，它是把数学算法运用到海量的数据上来预测事情发生的可能性。正因为在大数据规律面前，每个人的行为都跟别人一样，没有本质变化，所以商家会比消费者更了消费者的行为。例如：大数据助微软准确预测世界杯。

我们进入了一个用数据进行预测的时代，虽然我们可能无法解释其背后的原因。如果一个医生只要求病人遵从医嘱，却没法说明医学干预的合理性，情况会怎么样呢？实际上，这是依靠大数据取得病理分析的医生们一定会做的事情。

6．行业大数据具有学习性

不是让人更懂机器，而是让机器更懂人，或者说是能够在使用者很笨的情况下，仍然可以使用机器。甚至不是让人懂环境，而是让环境来懂我们，环境来适应人，从某种程度上来说，自然环境不能这样讲，但是在数字化环境中已经是这样的一个趋势，就是我们所在的生活世界，越来越趋向于它更适应于我们，更懂我们。哪个企业能够真正做到让机器更懂人，让环境更懂人，让整个的生活世界更懂得我们的话，那他一定是具有竞争力的，而“大数据”技术能够助我们一臂之力。

让机器懂人，是让机器具有学习的功能。人工智能已转变为研究机器学习。大数据分析要求机器更智能，具有分析能力，机器即时学习变得更重要。机器学习是指：计算机利用经验改善自身性能的行为。机器学习主要研究如何使用计算机模拟和实现人类获取知识（学习）过程、创新、重构已有的知识，从而提升自身处理问题的能力，机器学习的最终目的是从数据中获取知识。

让机器懂人，这是人工智能的成功，同时，也是人的大数据思维转变。你的机器、你的软件、你的服务是否更懂人？将是衡量一个机器、一件软件、一项服务好坏的标准。人机关系已发生很大变化，由人机分离，转化为人机沟通，人机互补，机器懂人，现在年轻人已离不开智能手机就是一个很好的例证。在互联网大数据时代，有问题一问机器一问百度，已成为生活的一部分。机器什么都知道，原因是有大数据库，机器可搜索到相关数据，从而使机器懂人。是人让机器更懂人，如果机器更懂人，那么机器的价值会更高。

第七章

行业大数据应用解析

7.1 慧数汽车，汽车大数据洞察平台

对于汽车行业车企来说，能够聆听车主最真实的声音是至关重要的。了解车主对产品的真实评价，可以帮助车企改进产品设计，开发出更加贴近用户、更加具有市场竞争力的汽车产品。也可以获得市场中用户的口碑以及体验，获得用户画像，为车企提供决策依据，更好地制定营销策略，获得更大的市场份额。

痛点解决：如何用大数据调研，精准聆听用户声音

一直以来，汽车厂商都在用传统的线下抽查的方式来获取用户

对品牌和产品的评价，这样的方式费时费力，耗费的人员和资金成本都非常大，而且获取的信息非常有限。在如今大数据迅速发展的时代，汽车企业如何从海量信息中清楚地听到用户的声音，以及对产品的评价，甚至与竞品横向纵向对比，是各大车企迫切需要解决的重大课题。

实现途径：覆盖最全汽车数据，优化产品研发

慧数汽车整合全网汽车数据，覆盖超过千万真实车主评价数据，超过 140 个主流汽车类网站数据，300 多个微信公众平台汽车数据、近 1 500 位汽车大 V 观点评论数据，以及百度贴吧、各大汽车论坛数据，可以垂直分析精细到汽车四级指标。通过用户声音多维属性深度分析，可以清晰直观地洞察到不同车主、不同地区对不同车型的口碑以及偏好。通过独家“遗忘算法”语义分析，实现精准研判，可视化呈现，所见即所得。将会成为汽车企业领导快速决策、产品开发改进科学决策依据。

因此，慧数汽车从汽车数据的各个维度，建立了汽车大数据四大标准，从多维度来分析汽车大数据。

标准一：汽车数据标准

慧数汽车以“车”、“人”、“内容”为主体分类建立汽车数据标准，整理汽车行业数据库，为行业数据分析应用奠定基础。

标准二：汽车词库标准

慧数汽车打造国内首个汽车词库标准，有利于提升语义分析的准确性，为汽车行业建立数据模型，对数据进行打标签分类管理。

标准三：汽车维度标准

依托慧数的汽车行业大数据维度管理平台的构建，将汽车全产业链涵盖的维度进行整合梳理，综合汽车行业大数据的车、内容、用户三方面进行维度细切，细分出更多的维度，让数据更加精细化。

标准四：汽车分析标准

汽车大数据的分析应用了分布式搜索引擎技术，实现了高扩展、PB级处理、实时计算等核心处理功能，围绕“车”、“内容”、“用户”三方面进行深度分析，在数据挖掘的基础上建立分析标准。

应用范围：可以涵盖到汽车全产业链

汽车大数据可以涵盖到汽车生产制造、汽车销售、汽车养护等各个产业链条，汽车大数据产业是汽车行业一个全新的产业链，这条数据产业链上的利益相关者和用途主要有以下类型：

相关者	数据关系	数据价值
主机厂	汽车大数据的顶层和基础	大数据在主机厂的角色定位是在生产制造领域提升生产效率，降低成本
零部件厂	主机厂的配套体系	借助关键数据的取得，建立独立的售后体系以及完善的销售网络，自建或与第三方电商平台合作打通汽车零部件的O2O销售环节
4S店	汽车大数据销售	4S店需要做针对性更强的精准营销，寻找销售线索、找到最有价值的客户群体
配件商	链接配件的生产者和使用者	其数据包括两个范畴，私有云一电脑中的的进销存和销售渠道或平台
配件电商	零部件和价格数据库	将庞杂的汽车配件数据进行标准化管理，将配件名称、编号、图片进行对照，涵盖进口、合资、国产全部品牌能够满足维修厂日常查询需求
维修厂	直接与车以及车主链接者	能够记录车辆的维修、保养情况，行驶里程，其数据对未来进入二手车交易时，起到精准评估的作用
保险公司	大数据车险进行评估	通过大数据分析了解车主的车价、年龄、性别、车型、住址、驾龄、历史赔付记录、历史违章记录、个人消费信用、安全气囊等保护装置和防盗装置等多个维度

续表

相关者	数据关系	数据价值
车联网	汽车大数据传感数据生产者	车与车、车与路、车与人、车与传感设备等交互，实现车辆与公众网络通信的动态移动通信系统
咨询公司	汽车舆情分析者	对某一时段互联网搜索量进行分析，确定市场人气、关注车型、地域关注度等信息，同时，通过对论坛、微博、微信等社交媒体的分析，判断出这款汽车在市场上的受欢迎程度
政府	大数据最顶层的记录者和管理者	公安、路管、海关、税务等用数据辅助决策

应用场景：为多部门提供多维度的数据决策依据

汽车厂商可以利用庞大客户数据，以服务于产品开发、售后服务或者营销。另外，通过大数据，汽车厂商还能了解消费者使用习惯及偏好，以改进产品，更好地提供服务，比如在汽车保险行业中，利用联网汽车的数据分析，可以更好地降低客户驾车的风险，进行更精准客户群的细分。

目前，互联网所掌握的消费者喜好、生活习惯等数据信息如果应用到汽车行业，将使汽车产品更加智能，大数据的应用甚至能够影响到汽车产业的生产制造，帮助汽车企业生产出更加符合消费者需求的产品。

慧数汽车产品应用场景

产品	应用场景	核心价值
汽车舆情管理	品牌管理、公关管理、市场营销	监测口碑与事件，维护品牌形象
汽车销售线索	市场营销、市场销售	销售线索挖掘，提高成交
汽车服务评价	经销商培训、渠道管理	服务满意度调查，解决用户流失
汽车价格监测	定价策略、竞品分析	全系价格扫描与追踪
汽车产品评价	产品规划、配置组合	产品改进与新品研发
汽车用户洞察	用户定位、精准营销	用户画像与需求挖掘
汽车数据报告	智慧决策，行业研究	全面呈现与系统阐述洞察结果

1. 大数据帮助汽车厂商找准市场定位

在汽车行业，企业要想在没有硝烟的市场中分得一杯羹，需要架构大数据战略，拓宽汽车行业调研数据的广度和深度，从大数据中了解汽车行业市场构成、细分市场特征、消费者需求和竞争者状况等众多因素，在科学系统的信息数据收集、管理、分析的基础上，提出更好的解决问题的方案和建议，保证企业品牌市场定位独具个性化，提高企业品牌市场定位的行业接受度。

汽车企业只有定位准确乃至精确，企业才能构建出满足市场需求的产品，使自己在竞争中立于不败之地。但是，要想做到这一点，就必须有足够量的信息数据来供汽车行业研究人员分析和判断。大数据时代的来临，借助数据挖掘和信息采集技术不仅能给研究人员提供足够的样本量和数据信息，还能够建立基于大数据数学模型对未来市场进行预测。依靠传统的人工数据收集和统计显然难以满足大数据环境下的数据需求，所以高度智能化、自动化的数据采集与挖掘显得尤为重要。

2. 大数据成为汽车行业营销的智囊团

在互联网、移动和互联网发展的今天，从搜索引擎、社交网络的普及到人手一机的智能移动设备，互联网上的信息总量正以极快的速度不断暴涨。每天在 Facebook、Twitter、微博、微信、论坛、新闻评论、电商平台以及直播软件上分享各种文本、照片、视频、音频、数据等信息高达的几百亿甚至几千亿条，这些信息涵盖商家信息、个人信息、行业资讯、产品使用体验、商品浏览记录、商品成交记录、产品价格动态等海量信息。这些数据通过聚类可以形成汽车行业大数据，其背后隐藏的是汽车行业的市场需求、竞争情报，蕴含着巨大的财富价值。

3. 汽车大数据可以让厂商更清楚地认识自己

互联网正在全面渗透到汽车行业的各个环节，包括前期的研发、生产，在庞杂的网络数据中，充斥着汽车用户对汽车的使用体验和口碑评价，是对用户需求的客观体现。这些数据可以帮助汽车主机厂更好地了解自己产品在市场中的评价，了解自己在消费者心中的口碑。

4. 汽车大数据可以让厂商更清楚地看清竞争对手

汽车厂商通过获取数据并加以统计分析，来充分了解市场信息，掌握竞争者的商情和动态，了解产品在竞争群中所处的市场地位，来达到“知己知彼，百战不殆”的目的。

5. 汽车大数据可以让厂商更清楚地看懂用户

企业通过积累和挖掘汽车行业消费者档案数据，有助于分析顾客的消费行为和价值取向，便于更好地为消费者服务和发展忠诚顾客。大数据技术可以对消费者购买产品的花费、选择的产品渠道、偏好产品的类型、产品使用周期、购买产品的目的、消费者家庭背景、工作和生活环境、个人消费观和价值观等进行分析挖掘，统计提炼出用户的消费行为、兴趣偏好等精准的用户画像，出奇制胜地做营销推广。

6. 大数据支撑汽车行业收益管理

怎样把合适的产品，以合适的价格，合适的时间和地点，通过合适的销售渠道，卖给合适的人，对于汽车主机厂来说是一个重要的课题。运用大数据技术可以对精准匹配，达到收益管理的目标，需求预测、细分市场和敏感度分析，最终实现企业收益最大化目标。

针对不同的细分市场来实行动态定价和差别定价。需求预测的好处在于可提高企业管理者对汽车行业市场判断的前瞻性，并在不同的市场波动周期以合适的产品和价格投放市场，获得潜在的收益。对不同细分市场的价格进行优化，最大限度地挖掘市场潜在的收入。

7. 大数据支撑汽车产品开发改进

互联网及移动互联网上成千上亿的网络评论形成了交互性大数据，其中蕴藏了巨大的汽车行业需求开发价值。在微博、微信、论坛、评论版等互联网平台随处可见网友对使用某款产品优点的点评、缺点的吐槽、功能需求点评、质量好坏与否点评、外形美观度点评、款式样式点评等信息，这些都构成了产品需求大数据。

慧数汽车是专注于汽车行业大数据洞察的平台，通过挖掘分析汽车行业内容数据及用户行为数据，全面透析造车、卖车、买车、养车等全产业链各个环节，给汽车行业提供汽车舆情管理、汽车服务评价、汽车产品评价、汽车价格监测、汽车用户洞察、汽车销售线索、数据报告等一系列产品及服务。

只要汽车行业企业平时善于通过专业大数据平台收集、挖掘、统计和分析这些数据，为我所用，都会有效地帮助自己提高市场竞争力和收益能力，取得良好的效益。

7.2 康诺 365，一款大数据健康管理 APP

都市的快节奏生活，无节制的加班熬夜，饮食不当，不爱运动等都影响着现代人的健康。由于生活压力大，许多白领都处于亚健康状态。亚健康状态是机体检查虽然没有出现明显疾病，但是呈现出疲劳，活力衰退，反应能力和适应力减退，创造力变弱，自我感觉有多种不适症状的一种生理状态，也称为“机体第三种状态”，也称作“灰色状态”。任何的量变都会产生质变，长期的亚健康对身体有极大的危害。

另外，现代人物质生活水平的提高，又导致对健康养生极为重视，几乎所有人都在寻求行之有效的个人健康管理方案。大数据的崛起，能否为个人健康管理产生更大的价值呢?

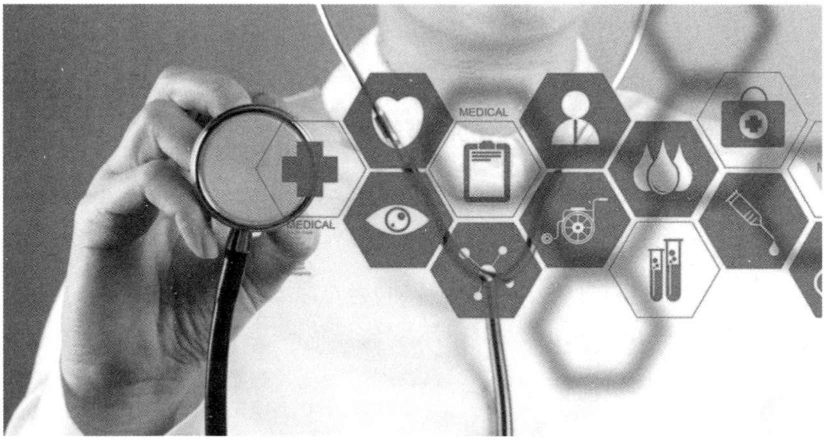

痛点解决：如何运用大数据进行个人健康管理

借助大数据手段，进行个人健康管理的移动端应用层出不穷，延伸到健康生活的方方面面，大数据在个人健康方面有哪些应用和价值，值得我们去深挖和应用?

实现途径：软件和硬件相结合做数据分析

康诺 365 是一款智能手机 APP。它的作用是利用血压计、运动臂带、体脂分析仪等可穿戴式设备来帮人们做健康管理。它基于这样一个原理：任何疾病都是一个缓慢的由白到黑的灰度过程，生活并不是非黑即白的。当身体的某个指标超出一定的阈限，身体会明显不适，从而选择就医；然而在就医前，身体的许多体征包括血压、血糖、血氧、心率、体温、BMI 指数等均已经发生变化了。在一个时间点的测试未必准确，所以康诺 365 进行的是体征数据的连续检测。

数据支撑：准确的智能设备传感数据

康诺 365 的数据主要来源于智能设备传感数据，因此具有很高的准确性。通过硬件检测数据，再传输到软件上给出数据的分析和挖掘，帮助人们能够在疾病出现前预防，这就是康诺 365 的核心商业价值。

使用对象：以家庭为单位的多样性消费者

康诺 365 是一款软硬结合的产品，目标人群是由中老年人、孕妇、年轻人等多样性组合而成的家庭为单位的消费者。只是在不久的将来，硬件的收费部分将慢慢被服务取代，康诺 365 将通过收取服务的费用来获得盈利，比如一个较肥胖的年轻人可以在其 APP 上点播健身教练录制的视频来付费。

创新解读：未来，大数据应用的一个重要方面就是软件与硬件的结合，智能硬件或许是目前最好的直接获取数据的方法。准确的硬件设备传感数据，可以准确预防疾病，用服务费用来代替硬件费用是一个趋势。

7.3 西柚经期助手，用大数据做生理期管理

一个月总有那么几天是女人最头疼的时候，轻则性情烦躁，身

体不适，重则疼痛难忍。经期是女人无法摆脱的恶魔，处理不当会伤害到身体健康，经期健康管理也成为女人最头疼的事情之一。

痛点解决：大数据如何服务于女性经期健康

女性健康是社会普遍关注的问题，而由于年轻女性对健康方面的关注远远大于男性，因此以女性受众为定位的健康领域层出不穷，大数据应用在这一领域也不例外，女性生理期相关的应用尤为火热，西柚助手是不得不说的一个案例。

应用范围：做经期数据分析与管理的大数据平台

西柚助手和大姨吗之类的有本质的不同。它好像是一个经期软件，其实本质上并不是这样的，实质上西柚助手是一个做经期数据分析与管理的大数据平台。西柚助手带给用户的价值最重要的是数据上传，然后是记录之后的分析和建议，这两块的内容与服务是其他的经期服务类产品没有做的。

但是无论是做生理期管理还是日常身体健康，西柚助手的方法都是一样的，那就是降低用户录入数据的成本，然后利用大数据做分析，给出相关建议。

实现途径：获取数据和分析数据

西柚助手最大的价值在于降低了用户的信息录入成本。作为一款以女性生理期管理为核心切入点的应用，获得女性生理期的相关数据是最基础的工作，没有数据一切无从谈起。但目前对于用户来说，仍然必须手动录入自己的身高体重以及生理期数据，这就增加了用户使用成本。西柚助手的做法是给于用户一定的激励，从而让用户有动力去主动填写数据。

从目前来看，西柚助手在这方面仍然做得不够好，有没有不需要用户手动录入就获取数据的方法，是西柚助手下一步要解决的问题。未来，大数据应用的一个重要方面就是软件与硬件的结合，智能硬件或许是目前最好的直接获取数据的方法。

应用效果：获取数据之后的数据分析。

由于西柚助手的数据都存储在云端，因此可以纵向分析用户个人的历史数据，也可以横向分析特定人群的数据和某一用户进行对比，从两个维度来帮助用户更好地了解自己。

但是西柚助手面临的一个很重要的问题是，仅仅有用户初始一个月的数据很难做出非常精准的分析和建议，大部分用户需要持续录入两个月的信息才能体会到西柚助手带给自己的价值。

这和普通的应用不一样。普通的应用一般是用户下载之后会有强烈的新鲜感，但是随着长期使用，可能会产生疲倦。但是西柚助手需要用户长期使用，数据积累越多为用户提供的价值越大。

可拓展性：提供更多健康管理的功能

另外一个问题是，并不是所有女性生理期都会出现异常，很多女性生理期非常规律，并不需要特定应用来更好的度过这难受的三五天。对此，西柚助手的应对是为她们提供更多的功能。

西柚助手通过大数据运营发现，所有女性都会关心皮肤、减肥、丰胸等问题。西柚助手通过数据分析得出的结果会告诉用户健康提醒，同时提供一些养生方面的建议，这也是用户所关心的问题。

提供养生以及运动建议也让西柚助手解决了用户使用频次的问题。虽然生理期管理应用有固定的使用频次，但是有一定的间隔期，而提供日常建议和提醒，能保持一个较高的用户使用频度。

7.4 军犬法眼，让法律有数可循

大数据时代，如何应用新处理模式，快速对法律数据相关信息进行捕捉、管理、处理，形成具有全面、准确、前瞻、科学分析判断能力、洞察优化能力，是法律行业一个新的应用方向。

痛点解决：怎样用大数据促进法学研究

对于法学研究来说，大数据意味着一场新的机遇和挑战。在大数据时代，法律数据呈现出数量大、速率快、多样化、不稳定等特点，大数据正在挑战传统法学研究方式，正在向法学领域渗透。随着大数据的快速发展，就像计算机和互联网一样，法律大数据很有可能是一场法律研究范式的革命。

军犬法眼是中科点击出品的法律行业大数据应用平台，为中国法律从业者解决一站式法律资讯及数据服务。

数据支撑

军犬法眼的数据来源主要包括各类法律法规及法律案例，以及裁判文书，并对它们进行数据分析，发现其中的规律，为法律工作者提供参考依据。军犬法眼主要面向对象为：公检法司法律从业人员及律师，提供专业的法律数据服务。

实现途径

海量数据的采集、存储、清洗、分析发掘、可视化、安全与隐私保护、开放与共享以及跨界数据的流动等，将是法律大数据研究和应用的重点。法律人的思维也将发生革命性的转变，即不再探求难以捉摸的法律因果关系，转而关注社会复杂事物的相关关系。

军犬法眼对网络采集来的海量法律数据进行整合分析，并且依据各个维度进行聚类与排序，包括各时间段、各地域、各级别。涵盖了所有的法律法规以及案件案例和裁判文书，形成量化分析、量化统计的结果，提供给法律从业者更好地应用到日常的工作以及研究当中去。

应用场景

在传统的法律行业中，信息不对称的特质表现显著：从律师、律所的选择，到服务个案的收费，以及最后服务结果的预期……这一行业特有的主观性特质，加大了这种信息不对称所带来的不可预计性，军犬法眼的运用正在为改变这种评估模式提供可能。过抓取、分析、提炼、加工裁判文书中的关键词，将庞大的裁判文书信息库进行整合，使得对案件的预判和评估基于大数据分析，而不仅仅靠主观经验。

军犬法眼不仅做数据的整合与分析，而且将法律大数据按照各个维度实时更新，按条件提供搜索和筛选。用户可以根据自身需要，对自己喜欢的数据进行个性化订阅，每天推送用户喜欢的法律数据，按照周期性输出数据报表与报告。

创新解读

军犬法眼“大数据”战略的运用不仅将为出庭律师提供更多高效信息、帮助律师构成最佳代理策略，还能通过大数据分析，很好地计算出同类案件的市场平均价格，为诉讼代理寻求到合理的报价。

7.5 星图数据，让销售数据报告可视化

痛点解决：如何获得精准且实时的产品销售数据

对于传统的制造业企业来说，产品一旦进入销售渠道，就相当

于失控，丧失了对产品的管控能力。在电商时代，获得精准并且实时的产品销售数据比任何时候都重要，所以对于制造行业来说，大数据有着不可估量的作用，发挥着举足轻重的作用。这恰恰给了大数据从业者一个创业的方向，一个创新应用的方向。

应用对象：传统制造业公司

星图数据是一家大数据“DaaS”创业公司，他们致力于为传统制造业公司提供完整的在线产品销售数据信息，并生成直观的可视化报告。

数据支撑：网络采集目标商品相关数据

星图数据的数据主要来源于网络采集，通过网络爬虫技术搜索全网所有目标商品的相关信息，比如售价、销售量、客户评价以及同类产品的销量情况，并且按照一定的算法来进行整理、归纳并以可视化的报告呈现给用户。在这个过程中，可以获得几乎实时的统计结果，帮助企业主随时调整经营策略、迅速应对市场变化，并获得最大化利润，并且基于云端技术，数据结果可以跨平台显示，客户可以随时随地获取数据分析结果。

应用场景：助力传统品牌制造产业链销售

星图数据面对传统的品牌制造企业产业链相关者，包括生产工厂、营销公司、渠道和消费者，从产品的设计和制造开始做它的分销策略、市场推广策略，最终反哺给产品设计过程。在整个过程当中，星图能够帮助大家了解到你的目标客户群体到底是谁，它们到底喜欢什么样的产品和服务。这个品类，这个行业未来的趋势到底是什么样的。

星图数据通过这样一些场景化的方式，通过打造自己的数据供应链帮助企业解决问题。帮助企业遏制价格战，搞好产品，拥抱好消费者。

7.6 赚金石，为新品销售而生的电商大数据应用

痛点：怎样预测评估新品上线的表现

对于还未上线的电商新品牌而言，尤其是第一次进入国内市场的国外品牌，如何才能准确预测在电商平台的销售表现，是一个棘手的问题。阿里巴巴与尼尔森在电商领域合作，开发出一款名为“赚金石”的应用，旨在解决这一痛点。

应用范围；为新品销售表现而生

赚金石要做的是全流程跟踪评估销售表现，找准症结所在；深入挖掘目标群体特征，精确定位核心受众；消费者调研指导优化网页文本、产品设计和定价策略，全方位提升产品表现和销售竞力；

监控品牌舆情，挖掘市场潜在契机。

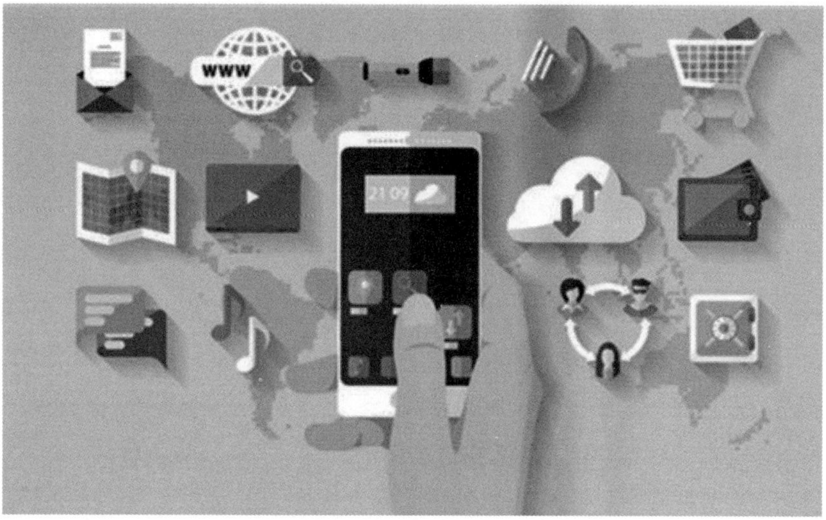

项目价值：提升电商新品购买转化

赚金石为国外品牌进入国内服务，帮助其开拓线上市场，提供购买转换，扩大销量产出，并且提供全流程线上大数据咨询服务。

数据支撑：阿里巴巴数亿电商数据

赚金石的数据来自阿里巴巴数亿注册用户数据，包括用户多维度的属性，实时跟踪每一位用户每一次浏览记录和每一笔消费记录，全方位刻画品牌销售表现。尼尔森在品牌诊断方面具有独特的优势，从事过超过 18 万次的新品测试，超过 50 万次的精准销量预测，平均误差范围在 9%，有效提升新品上市成功概率从 10% 到远超 60%。

应用场景：通过五个方面进行提升新品表现

赚金石通过品牌舆情监控来挖掘品牌创新机会，洞察哪些消费需求还没有被满足，从而改进产品或者调整营销策略。分别从忠诚度、满意度等各个维度来进行监测分析，并通过可视化的图表进行呈现，对品牌进行全方位的诊断，从未提升新品全面表现。

新品表现跟踪评估：通过跟踪指定的产品，通过数据挖掘与分析，来评估产品在网上的销售的表现如何，并给出科学合理的结论与意见。

目标群体重塑：通过数据整合分析，找到新品的潜在用户，判断出改把产品卖给谁，找准自己的用户。

网页文本优化：通过上述两个环节的数据分析，接下来要做的是如何更好地将新品介绍给用户，做出最适合自己用户的商品销售页面。

促销定价优化：通过数据分析，制定精准的阶段性促销方案和促销价格，促进销售。

产品表现优化：了解产品使用体验，根据数据分析反映结果，不断进行优化，提高产品体验。

7.7 True&Co，用大数据教你选对适合自己的比基尼

痛点：80% 的女性穿了错误尺寸的胸罩

大数据被认为可以解决企业的重大问题。但是它应用到我们的生活中会更加鲜活生动。能够让枯燥的数据变得丰满起来，是数据应用的必然趋势。这就是在线内衣商店 True&Co 所发现的，因为它对其客户运用了大规模的数据分析以完善在线的胸罩尺寸测量。

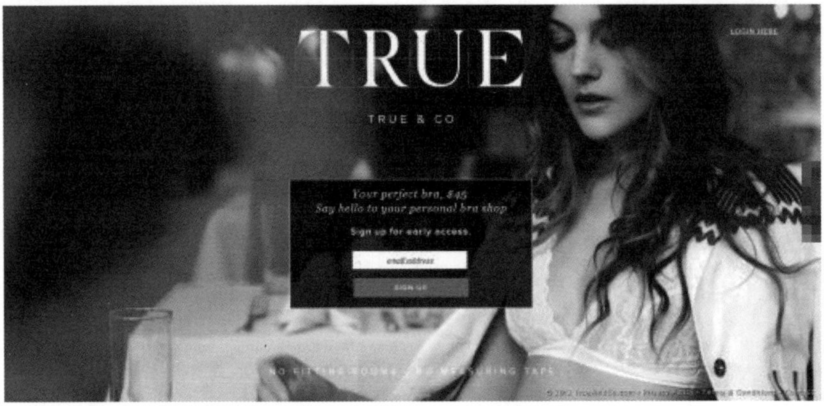

实现途径：用数字运算和算法设计相结合做内衣

True&Co 在线内衣商店认为，将来自成千上万的消费者的自报数据和一些严谨的数字运算和算法设计相结合，能够为大多数女性做到内衣行业一直无法做到的事情。

应用场景：找到一副合身的胸罩

一副胸罩有 20 个不同的组件，并且每一部分都必须精确地相互适合，这才能使其按照本应该的样子那样合身。该网站的访问者要花几分钟时间填写一份关于胸罩合身情况的小问卷，再通过设计数据集合，结合 20 万名女性有关其身体的数据，在 True&Co 在线内衣商店所购买的胸罩给出的非常具体的合身程度的反馈。然后从获得的反馈中查看其中存在的模式，并将其反馈到产品设计过程中。到目前为止，该公司声称已发现了 6 000 种截然不同的身体类型以及多种不同类型的胸罩的轮廓。

项目价值：将数据收集与应用融为一体

这是一个聪明的举措。这不仅让该公司收集到了大量的无法以其他方式获得的信息，而且客户们因为希望她们在外出活动时能够更舒适而免费地成为数据的收集人员。这听起来像是一种非常好的建立强大的商业业务且能避免倒闭的方式。

7.8 慧选址，开店不再碰运气

厌倦了城市的奔波忙碌，只想找一个地方，没有喧嚣浮躁的网络，开一家小店，安安静静地生活。但是不幸的是，你想开个小店也不是那么容易的事，你知道哪个地段开店好吗？现在你想开个小店都离不开互联网了。

选店址是开店的第一步，在以前，选址的好坏往往碰运气，但是有了大数据做支撑，专治开店时“丈二和尚摸不着头脑。”

痛点——店开在什么地方好

好的店面是创业成功的一半。这话一点都不为过，开店不同于办厂开公司，以零售为主的经营模式决定了店面的选址至关重要，它往往直接决定着店铺的成败。事实上，对于一个小型店主来说，最头疼的事就是店开在什么地方。选址的合理与否对于店铺将来的经营情况起到至关重要的作用。

数据支撑：海量商圈数据

在慧选址应用中，可以快速直观地看到店铺的信息、商品购买分布热度。而在这背后，是多到你难以想象的数据在做支撑。实地考察的兴趣点、网民行为、消费能力、消费习惯、人口、经济数据、小区、房屋、商圈面积等数据。

应用场景：快速选择出最合适的店铺位置

在海量数据做支撑的基础上，慧选址构建了一套精准的选址分析模型，可以快速准确的帮你分析出什么类型的店开在什么地方可以挖掘最大的用户群体，并热心为你推荐周边的待租店铺，帮你快速选择出最合适的、最符合你期待的店铺位置。

慧.选址产品功能

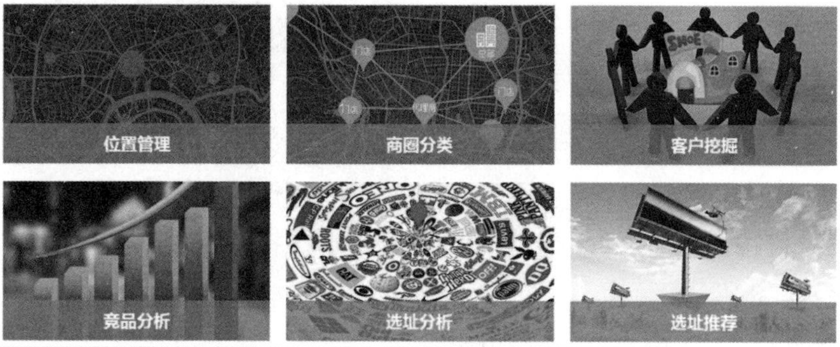

应用拓展：从店铺选址到店铺经营

此外，得益于大数据的红利，慧选址基于大量的消费者行为和搜索数据，可以让店铺的经营变得越来越清晰。它从受众洞察、受众定位、受众接触到受众转化几个步骤，每一步都提供精准细致高效经济的数据引导，从而实现大众创造的 C2B，即由用户需求决定店铺的日常经营销售决策，最终为你的店铺提出针对性的经营建议，而不仅仅是在最初的位置选址上。管中窥豹，你看到的也许只是一个结果，但这背后却是由海量的数据和高精准的复杂模型在做支撑。

项目价值：大幅降低传统开店模式下选址成本

慧选址的核心价值是大幅度降低了传统开店模式下选址的时间和精力成本。过去你需要半个月乃至大半年才能完成的事，现在在慧选址的网站上几分钟就可以完成。如果你不满足于线上的结果，还可以再结合线下自己的调研，从而得到更精确的结果。这才是互联网＋时代应该有的高效率模式！

7.9 BBD，用数据去辅助决策

BBD 是一家全称叫作 BusinessBigData 致力于商业大数据的一家公司，BBD 认为，商业大数据最好的应用是决策辅助。决策由两个要素构成，第一个要素是数据，第二个要素是判断。目前要用人工智能的方式去解决判断问题，还有点远；但是多维度数据去支撑决策辅助，是一个可行的思路。对于风控要求很高的金融行业，怎样去进行风控与定价呢？ BBD 给出了一个解决方案。

数据支撑：采集数据与授权数据

在数据源上，BBD 有严格的区分，主要分为采集数据和授权数据。BBD 从 2 000 多家采集工商数据和法院诉讼数据，而授权数据只在现场进行分析，不拿出来分析。

比如征信体系、在诉信息，信息碎片分布在各类组织机构的服务器中，BBD 通过授权抓取一些税务部门、法律部门、公安部门根本就不对外开放的数据，不进行对外开放。

在授权范围之外，BBD 不会拿出来使用。只能在特定领域特定机构，在授权范围之内使用。比如给联通服务，数据也只能放在联通内部使用，不能拿出来。另外BBD几百台分布式架构的数据库，形成一个大的数据中心，对数据进行集中加工处理。

应用范围：金融风控与定价

用数据去辅助决策是BBD的核心业务，BBD首先选择了金融行业，加上BBD的大数据技术，去解决金融领域面临的风险和定价问题。

应用价值：三个层次

金融行业的本质就是风险和定价。风险可以分为三个层次：信用风险、市场风险和操作风险。信用风险是去研究它的基本征信评级，市场风险是研究资产的定价，操作风险是研究内部控制的。

传统的制造业评估模型主要依赖于财务报表，而对于新经济企业，这种轻资产、高成长、高研发投入的企业，没有更多的资产信息，如何通过数据来弥补资产信息不足，对风险进行定义，就是BBD研究的方向。

BBD研究了一套新经济企业的行为模型，把这些数据给组装起来，建立了一个企业行为数据库。

实现途径：七个维度分析模型：

1. 企业基本信息分析：包括企业工商注册信息。

2. 行业数据信息分析：行业政策法规等多角度去评估企业风险。

3. 法人治理结构信息分析：包括股东及股权架构。

4. 关联方信息分析：简称为利益冲突，看这些关联方有没有好的企业为其背书。

5. 财务 KPI 数据分析：研究财务和非财务的 KPI，财务的 KPI 我们会在授权情况下取得数据，通过网络拓扑结构去计算它的实际控制人，最近诉讼的占比，最近招聘的人，与公司的主营业务匹配程度。

6. 企业社交媒体信息分析，不同于传统的舆情，通过观察社交媒体释放出来的信息，分析与主营业务的匹配程度。

7. 是企业的无形资产和资产质押数据。

应用场景：为金融机构做征信服务

BBD 把所有的数据打造成为一体，形成企业行为数据库。将风险信息分为征信和评级，并且针对券商、银行、投资公司等不同机构的要求，研发出不同的尽职调查模板，甚至按照不同的征信需求，做一个动态的尽职调查服务。

BBD 将尽职调查报告分为三个层次：第一，全项公开数据，利用公开数据调查一家公司的基本情况；第二，在授权情况下，做现场和非现场尽职调查，通过交换企业合法的数据源，在授权下研究企业的财务数据；第三，最后剩下 5% 的客户，金融企业就可以进场做现场尽职调查，这节约了企业大量的成本，并且更加准确。

当做好征信数据以后，然后通过评级模型，就可以做定价。在定价的基础上再加上授信，就可以做银行间的借贷；评级模型加收益率模型，用来做债券；评级模型加估值，可以做投融资。

7.10 百度用搜索数据，构建疾病预测模型

卫生部发言人曾在记者会上表示：“中国面临传统流行病威胁持续存在、新发流行病不断出现的严峻形势。”流行病的发生和传播有一定的规律性，与气温变化、环境指数、人口流动等因素密切相关。

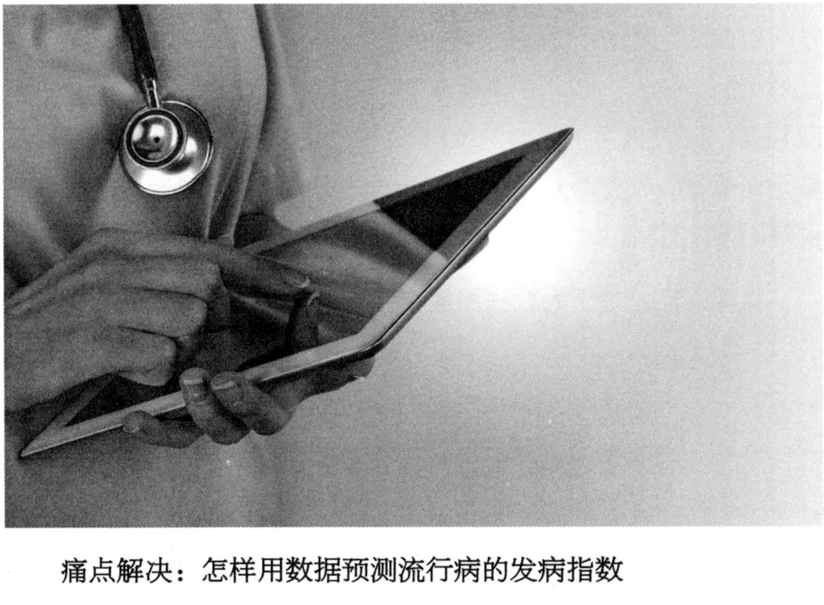

痛点解决：怎样用数据预测流行病的发病指数

百度预测平台推出“疾病预测”产品，实时提供几种流行病的发病指数。每天网民在百度搜索大量流行病相关信息，汇聚起来就有了统计规律，经过一段时间的积累，可以形成一个个预测模型，预测未来疾病的活跃指数。

应用范围：从大城市到区县商圈

百度疾病预测的预测范围不仅仅局限于大城市，而是覆盖到了区县和商圈。在数据模型方面，其针对每个城市分别建模，扩大数据基础和精准性来保证预测的准确性。

数据支撑：基于搜索数据的整合分析

1. 互联网数据：百度用户的搜索数据和位置数据。

2. 其他数据：全球气温变化以及地区气温变化数据、区域环境指数、人口迁徙流动等数据。

应用场景：建立流行病预测模型，提供传染病趋势预测

百度疾病预测可提供疾病的预测，并可对过去 30 天及未来 7 天的疾病变化做出预判。“活跃度”用来反映所选地域该疾病的活跃程度，同时也可通过 1 ~ 99 999 的活跃指数反映。用户可以看到全国或者省某疾病指数排名前十的城市、区县，以及该疾病相关医院的搜索排行。

实现路径：基于大数据积累和智能分析的预测模型

百度疾病预测平台是基于大数据积累和智能分析，利用用户的搜索数据和位置数据，统计出人们搜索流感、肝炎、肺结核和性病的信息时的时间和地点分布，并结合气温变化、环境指数、人口流动等因素建立预测模型，能够为用户提供多种传染病的趋势预测，帮助用户提早进行预防。

应用效果：

百度疾病预测目前可以对手足口病、流感、艾滋病、肺癌、肝炎、肺结核、高血压、宫颈癌、乳腺癌、糖尿病、心脏病、性病十二种疾病进行预测。预测疾病爆发时间和区域。对全国每一个省份以及大多数地级市和区县的活跃度、趋势图等情况进行全面的监控，同时还能智能化地列出某一疾病的整体指数、城市指数 Top 10 和搜索医院 Top 10 等。

7.11 天眼查，发现人与企业关系的平台

痛点解决：不仅查询企业，并且可以查询企业与人物的关联

目前，市场上的企业查询类公司不在少数，但大部分企业都是简单展示所要查询的企业数据，只有少数公司可以查询企业、人物的关联信息，天眼查就是少数公司中的一家。

天眼查不仅可以做企业查询服务，还会基于强大的关系图谱功能，在毫秒级时间内迅速勾画资本版图，展现商业关系，从而为相关的新闻报道、投资决策提供有力依据。

数据支撑：公开数据和私有数据相结合

天眼查的数据来源不只是公开数据，还会将公开数据与私有数据进行结合，并利用数据挖掘技术，为个人和企业服务。

公开数据是指每个人都可以持续追溯的数据，天眼查网页版上的所有数据都是公开数据，每个人都可以追溯过去的任何信息。另外，天眼查与很多大型国有企业合作时，需要将其私有数据与公开数据进行结合，才能提升对方的业务效率。

从数据类型来看，天眼查除了工商数据之外，还有招聘数据、著作权、专利、商标、企业新闻等。

应用对象：不仅为个人提供企业查询服务，也为B端企业提供服务。

对于C端客户来说，整体思路是解决信息不对称，让每个人公平地看清世界。天眼查平台汇集了8 000万家企业信息，并将企业信息进行了互联，用户可以查询到所要查的公司相关联的其他公司。另外，使用天眼查是一个无须注册、无须登录、无须验证码的开放式企业查询平台，任何人都可以无障碍访问。所以，C端产品的整体理念是解决信息不对称，让每个人公平地看清世界。

对于B端用户来说，服务更加注重关系层面的事情，通过刻画关系让人看清这个世界。天眼查将数据连接起来，变成巨大无比的商业关系网。

应用场景：小微企业信用风控、投融资担保风控、尽职调查

对于B端用户：天眼查使媒体调查等复杂工作变得容易一些，媒体可以通过关系网查询某家公司背后的关系。而律师在尽职调查时通过天眼查，就能发现更多的线索，查找到一些关联公司实际控制人，把原本需要很长时间才能解决的问题在很短时间内解决。

对于C端用户：任何人都可以无障碍访问。白领、金领、蓝领可以访问，弱势群体也可以访问。比如农民工兄弟就可以在平台查询自己所在的公司有没有欠薪、跑路现象，这样就消除了信息不对称问题，让决策变得更加理智。

可拓展性：不止是企业查询服务

天眼查只是以企业查询作为切入点，不是简单的数据展示，而且带有数据的连接以及价值提升，后续还会切入其他领域，所以变现会更加容易。

创新解读：从数据展示到数据关联

目前大部分企业查询产品完全陷入了同质化竞争，他们只是简单的展示企业信息，没有人名去重功能，也不能做关联信息查询服务。天眼查不仅能做到以上功能，而且还可以为企业打分。

7.12 准心云学，打造教育行业的“阿尔法狗”

痛点解决：教师怎样摆脱简单繁复的人工作业

学校管理一直以来都是凭借管理者的经验类决策，很少运用数据分析的力量去做出科学的判断，学校教育教学的改革也是因人而异，没有有效可靠的数据依据做支撑。数据将掀起新的教育革命，比如革新学生的学习、教师的教学、教育政策制定的方式与方法。

以数据的形式表现教育的时代特征，为教育领域带来了希望和挑战。大数据可以提供学生行为及其变化的内在联系；可以挖掘学生更深层次的内在问题，可以实现学生个性化教学。因此，大数据终将为教育的发展带来新的方向。

人工智能正在重塑我们的生活，是大数据应用的一个重要方向，也将重塑科技产业链。智能搜索、智能语音、无人驾驶汽车、智能机器人等人工智能倍受公众期待，也成为有远见的公司布局的新领域。

众所周知的“阿尔法狗”会下围棋，但是位于成都的准星可以判卷和解题。

“准星智能评测及学习平台”核心技术集成多项前沿技术，包括人工智能、图像识别、自然语言处理与理解、机器学习、大数据技术、公有云技术等。准星云学的核心就是将老师的教学智慧和经验转化为机器认知。

实现途径

重新审视教育问题，并以全新的模式重新定义信息化教育。准心云学在不改变学生现有手写书写习惯的前提下，通过智能笔实现学生答题笔迹采集，以人工智能自动评测实现试卷、家庭作业自动阅卷和学习诊断；这一人工智能系统甚至能轻松应对高考数学的压轴题。

准星利用智能笔，精准采集学生书写的原始笔迹，对笔迹进行自动识别，利用构建的知识库，及时对学生答案正误、错误知识点、错误原因进行智能判定，将前后答题步骤进行逻辑推理证明，实现一题多解下的判定和评测，甚至是对初等数学主客观题的自动评测。

应用场景

智能评测不仅能帮助学生即时找出知识缺陷并提示开展针对性补习，还能大大减轻教师批改试卷和作业的工作量，帮助教育管理者全面掌握学生学习动态，特别是能逐行批阅，将批阅的质量上升到最小粒度，表现学生的复杂思维过程。实现智能阅卷、自动出卷、个性化教学，可显著提高教学效率，改变传统教育模式，用信息化技术推动教育领域变革。

系统在积累了足够的数据量，机器通过自主学习建立的认知模型，再结合心理学、行为学、教育学等认知理论，准星将能够根据逐行评测的学生数据，实现对过程化、细粒度数据的精准分析和推荐，给出学科和个性化建议。

创新解读

手写识别技术和人工智能技术的突破，是运用平台进行评测的重要前提，现在准星云学在实际场景中的手写公式识别率已经超过世界排名第一的法国 VO 公司，目前已有十几种语言的识别技术储备。公司去年已申请 40 余项发明专利，其中有 10 余项处于国际领先水平。

7.13 双创指数，为创业者指路

痛点解决：如何让创新创业的成功率更高

在“大众创业，万众创新”理念的倡导下，中国的创业浪潮空前高涨。同时，大数据作为越来越重要的生产资料，在“双创”工作中的占比不断加重。因此，由国信优易研发的“双创指数”应运而生。

如何让双创与大数据相结合，让如履薄冰的创业者有可参考的数据，让创业的成功率更高，并做进一步的研究使之为政府的决策支撑，是双创指数着力要解决的一大重要痛点。

实现途径：用 20% 的企业成功经验指导 80% 创业者

“双创指数’是反映整个社会创新创业情况的综合指标体系。通过数据的收集与计算，可以实现按月发布当地的‘双创指数’。指数的变化反映了当地双创工作的投入和产出情况。通过结果数据的积累，可以实现历史与现在的纵向对比。

基于企业的微观层面研究，以‘双创指数’为创新型企业测评、排序。“双创指数”的微观层面，主要针对创业园区、创新创业基地研发，从关注度、科技、人才、经营几个方面的纵向对比，让园区内企业发现自己的短板，从而从根本上改变企业的经营及战略的布局，让企业能更好地在初创的阵痛期、在残酷的市场竞争中找到自己的发展方向。

应用场景：做成政府决策的重要参考依据

“双创指数”的意义不仅仅局限于为企业做指导，更要为政府的决策“输血”。

“双创指数”对创新创业活动进行系统分析，量化评估创新工作进展和创业成果，对创新创业能力进行综合分析，比较和判断，对政府下一步坚持问题导向，更好地制定、落实双创政策，充分激活全社会双创活力，具有较强的借鉴参考作用。

7.14 航旅纵横，移动出行信息整合服务

航旅纵横是第一款基于出行的移动服务产品，能够为旅客提供从出行准备到抵达目的地全流程的完整信息服务，基于权威的数据，及时的信息推送，完整的功能，最全面的覆盖，通过手机解决民航出行的很多问题，让您轻松出行！

数据支撑：央企背景的优势数据资源

航旅管家出自中国民航信息网络股份有限公司之手，后者是国务院国有资产监督管理委员会管理下的央企，主管航空客运业务处理服务。正是有了最权威、最完整的信息平台作为支持。航旅纵横

通过背后数据计算，可以提供一系列的航旅出行数据服务。当你使用航旅纵横淘到假机票、忘记机票详细信息、不知道如何去机场、不了解在哪个候机楼出发、航班莫名延误、堵车错过办理值机时间、登机口变化无从知晓等这些问题，航旅纵横都可以帮您轻易解决。此外，您在机场无聊时还可以跟正在准备出行的同道中人们进行交流，结交更多的纵横友人。

应用场景：具有特色的应用功能

1. 出票提醒快：提供最权威的出票提醒功能，任何渠道出票，都会发送提示，行程最先知晓。

2. 真假容易知：第一个具备机票验真功能的手机软件，机票真假一看便知。

3. 座位预先选：提供国内主流航空公司的手机值机功能，旅客可提前办理值机、选座位，让出门更加从容。

4. 不怕信息变：提供最新的机票详情、出发时间、航班动态、登机口、目的地天气等信息，并有重要信息变更的消息提示。为出行或接、送航班提供实时的动态查询服务，同时还可用“航旅纵横”为朋友订阅航班动态信息。

5. 绿色出行：二维码登机，简易又环保。

6. 旅友随时交：旅客可随时跟同道中人交流，轻松结交更多朋友。并用微博分享旅途见闻，晒飞行线路图。

7. 行程记录全：无须输入信息，历史飞行记录自动导入，商务人士轻松规划管理。

7.15　碳云智能，构建疾病预测模型

生命本身是可以被数字化的，生命本身是可以被人工智能化的，生命本身是可以被网络化，这是碳云智能给我们答案。

数据支撑

碳云智能的一部分靠自己的技术能力获取，靠自身的核心技术获取的有基因数据、微生物数据、蛋白及代谢数据等；另一部分靠合作伙伴获取，合作伙伴包括研究机构、药厂、体检中心、医院、诊断公司、保险公司、健康管理公司等，从合作伙伴处获取的数据有临床及体检数据、环境数据、运动数据、饮食数据等。

实现途径

碳云智能主要从事生物大数据与人工智能方面的结合，主要通过以下五个方面的事情来实现：第一、数据采集和技术平台，生产和采集人的全生命周期的数据；第二、建立人工智能数据分析技术平台；第三、通过智能硬件，收集数据和作为产品和服务的推广界面；第四、建立数据库和样本库，用于存储数据和样本；第五、为每个用户提供个体化服务的 O2O 体系。

应用场景

将数据商业化，帮助人们做健康管理、为医疗机构提供数据服务等，比如皮肤美容，用户可以通过碳云智能的线下体系进行皮肤测试，之后碳云智能会基于数据分析技术为用户提供个性化的方案

或者 O2O 服务。

项目价值

碳云智能所从事的事业极具前瞻性。当前市场中开始普及的基因检测产品主要有产前无创筛查、肿瘤筛查、罕见遗传病筛查、肿瘤相关个性化诊疗等，但已经成熟的基因检测应用产品只是冰山一角。随着基因测序成本的不断降低，巨量生物数据产生将带来对数据解读的巨大需求，而数据的不断解读和挖掘将带来更多基因技术的使用场景。

收集各种各样的生命体征和信息的大数据，然后在这个数据基础上，去建立一个人工智能的内核模型，然后把它对接起来，做这样的一个整合。它甚至可以解读人类基因和健康信息，并对健康风险进行预警、进行精准医疗和个性化医疗。有了这些数据再加上人工智能就可以做出一个现实版的健康管理程序。

可扩展性

未来碳云智能将不断整合行业内资源，加强其获取健康数据的能力，基于数据挖掘和人工智能引擎技术，将公司打造成一个集数据获取、对接、分享、挖掘以及应用为一体的平台。

7.16 iPIN，大数据为前程导航

痛点解决：怎样科学地选专业和选职业

对于经历过高考的人来说，填志愿如同“盲人摸象”，往往会有“上错花轿”的感觉，到最后才如梦初醒，在自己不爱的大学上

了四年。同样的道理，对于求职者来说，入错行也是一种让人内心近乎崩溃的感觉，怎样才能科学地选好专业和职业，防止一生错爱，几乎是每一个人面临的痛点。近年来，随着大数据成为互联网信息技术行业的流行词汇，教育行业是普遍被认为是大数据可以大有作为的一个重要应用领域，在不久的将来，大数据将会给教育行业带来革命性的变化。

绝大多数专业学生的最后出路和这个专业的宣传是差异巨大的。这就是严重的信息不对称。有数据显示，70% 的大学毕业生对自己当年填报的高考志愿感到后悔，大部分人在从事和自己大学专业无关的工作。这不仅浪费了国家巨额的教育资金投入，也浪费了数千万人宝贵的四年青春。

选好专业还是选好学校？这也许是困扰每一个高考考生的问题，也是困扰过我们每一个莘莘学子的问题，有多少人因为选错了专业而懊悔一生，也有多少人因为选错了学校而遗憾终生。那么到底怎样的学校，怎样的专业才适合自己呢？ iPIN 利用大数据，告诉你前辈们毕业后都过得怎么样。

数据支撑：网络公开数据的关联分析

iPIN 的高校就业数据已支持 800 多所本科大学，覆盖 500 多个专业，未来会支持更多专科以及民办院校。分别来自 1 100 多万大学毕业生在 SNS 网站的公开个人信息、招聘网站及国家机关和教育部门公布等十数个渠道的经历数据（公开的，并不涉及用户隐私问题），这些数据经过采集、聚合、构架，到机器学习，自然语言处理，复杂数据分析，预测模型，大规模运算，可视化、数据应用等步骤。

应用场景：利用大数据选专业和选职业

iPIN 上线了“职场罗盘”和“完美志愿”功能，通过这两项功能，高考考生在填报志愿前，可查看近十年内，各个大学各个专业的毕业生的就业情况，帮助高考考生更好地进行志愿填报决策。

目前高考考生可通过 iPIN 搜索自己感兴趣的大学和对应的专业，iPIN 除了会给出男女比例、专业基础的背景介绍等信息，也会从毕业五年的薪酬、工作稳定性、职位就业面、行业就业面四个维度，以数据可视化的方式告诉考生，他 / 她所感兴趣的学校和专业，未来的前景究竟怎么样。

其实，从某种程度上来讲，考生和高校之间的信息不对称，同求职者与公司信息之间的不对称，是非常相似的。

实现途径：企业、院校、职业、城市、个人五大维度图谱分析

其实是在利用 BI 和 AI 技术，将中国的绝大部分企业、院校、职业、城市和个人等做全方位量化，通过将中国经济社会数据化和模型化，绘制一张中国的经济图谱，即所谓的 Economic Graphs。

这个从公司、学校、行业等不同维度的系列图谱，主要解决的问题是让毕业生、在校生和求职者同学校、公司之间的信息更加透明。应用在求职招聘市场，主要是曝公司内幕功能；应用在高考考生身上，主要是针对“中国高校就业数据大全”功能。同样，在校生也可通过了解师哥师姐们的情况，来做自己的职业规划。

可拓展性：基于图谱的职业导航

iPIN 最终想做的其实是基于图谱的职业导航，目前上线的功能只是完成“地图”的部分，而同样一个人，其在不同的环境下，对公司、职位和薪资的期望是不一样的，这时候就需要基于地图，对这个人做一个全方位的效用计算，从而完成最终的职业导航。

创新解读

教育大数据应用很广泛，iPIN 针对高考考生及求职者做应用开发，也不失为一种好的产品策略。从产品功能上来说，主要解决了考生填报志愿时的数据依据及应聘求职时的决策依据。

7.17 学生画像，高校学生管理与教育引导

痛点解决：DT 时代，如何全面认识学生

在传统方式下，辅导员管理学生过多，难以实时管理掌握所有学生的安全、心理状态及个体异常。利用学生画像可全面掌握学生的作息习惯、消费情况、社交状况、以及泡图书馆时长等信息，实现不同群体，不同个人的多维度对比。

数据支撑：内部数据与外部数据相结合

内部数据主要有校园 Wi-Fi、学生成绩、包括校园一卡通图书馆、寝室、运动场所、食堂、超市行为、校园 APP 等数据。外部数据主要包括微博、人人网、校园论坛、电商购物、移动互联网等数据，通过分析学生的生活、思想、学业、背景等数据，形成完整的学生画像。

实现途径：人与事的关联分析

通过校园事件的生命周期图形展示、事件参与者组成来源分析、发展趋势预测、相关事件搜索分析，形成校园事件画像。

分析学生基本信息、生活习惯、学习方式、人物特长、专业特长、思想倾向等数据，包括兴趣爱好、搜索行为、社交行为、购物行为、浏览习惯、上网时间等，形成学生人物画像。

应用场景：以学生为主题的校园应用场景

1. 失联预警：高校学生失联事故频发，成为备受关注的社会问题。而在应对学生失联事故时，高校管理者往往容易陷于被动。基于一卡通实时数据，可掌握学生的生活规律、作息习惯，如若三天无记录或是学生作息紊乱、行为异常，可实时预警，从而使管理者能及时关注并有效引导。

2. 寻找校园孤独人群：大学生是抑郁症的高发人群，抑郁症危害极大，且很难得以提前发现，这无疑给学生心理健康辅导工作带来巨大挑战。使用一卡通刷卡数据建立模型，通过对比分析智能定位校园孤独人群，帮助管理者及时发现预警学生心理健康问题，让每一位学生健康成长，顺利成才。

3. 成绩预测与挂科预警：高校学生自我约束力比较弱，极易在学习上放任自流，规避学生挂科现象以及洞察学生成绩突变背后原因都缺乏有效的手段。整合日常生活数据，预测学生成绩变化趋势，实现挂科提前预警，帮助发现学生成绩突变背后原因。

4. 贫困生精准挖掘：为助力贫困生关怀，国家出台了一系列补助政策，给许多家境困难的学生提供了保障。但是这些补助政策实施过程中所存在的隐性贫困和虚假贫困等现象，却导致政策难以全面落实。在校消费行为是反映学生经济水平的重要因素，对消费数据的分析与挖掘能够真实客观地发现隐性贫困学生，从而指导学生资助部门精准帮扶，让关怀不再缺位。

5. 定位宿舍“过宅族”：宿舍“过宅族”成为高校普遍现象，

学生长期“蜗居”宿舍，与外界隔离，会造成社交障碍，找不到工作，甚至威胁身心健康。分析学生宿舍进出及其他行为数据，定位宿舍”过宅族”（平均每天宅在寝室20个小时以上），及时预警推送辅导员提前引导。

6. 毕业去向预测与失业预警：面对就业难的困境，担心学生毕业即失业，高校管理者如何帮学生突破重围？清晰洞察毕业去向与学习生活规律两者的关联，通过对比往届生的毕业去向，实时预测在校生未来毕业去向，提前找出就业困难人群及行为特征。

7.18 创冰，体育大数据的新玩法

痛点解决：中国需要真正意义上的体育大数据公司

在众多企业一窝蜂扎堆体育产业的洪流中，中国需要一家真正意义上的体育大数据运营公司。环顾国内体育领域，一大部分公司都涉及了体育数据，但却很难做到自主研发和同时拥有专业的数据采集、数据挖掘和数据可视化能力，并且将整个体育产业的数据解决方案。

数据支撑：每场比赛十几万条的海量数据

创冰关于一场足球比赛的数据采集可以达到15 000条，如果加上累积和汇总，可以实现十几万条的海量数据，这是过去国内体育公司和媒体几百上千条的简单采集和整理无法比拟的，以数据类别做区分，创冰可以做到技术数据、体能数据和体感数据的细分，大到量化成百上千场的海量比赛，小到精确至球员本体，“技

术数据一般指比赛时的射门、传球、定位球等数据，体能数据则着重于球员的位移，比如跑动距离，体感数据会涉及球员的心跳和心率……”

实现途径：集数据采集、数据发掘及数据产品化于一体

创冰依托创冰强大的专业系统，以及专业的分布式计算和云平台，已经可以做到数据的实时采集，实时传输到云端，实时运算，实时推送到不同的用户群体，所有这些都可以实现秒级数据的实时更新。在技术层面，创冰能够与欧洲的专业数据提供商并驾齐驱，可以在各个层面提供最专业、最全面和最及时的数据服务。

应用场景：TO B 与 TO C 两手抓

过去国外的数据公司主要针对 B 端球队、媒体平台和博彩公司，没有直接建立与 C 端的联系。创冰不同之处在于根据不同用户群体的不同需求，打造定制化的数据服务，整理出不同的数据包，比如球队购买的数据可能主要应用于训练和比赛的准备和赛后的专业分析，媒体可能更倾向于比赛的转播和报道需要，球迷和彩民又有其他个性化的服务需求……甚至于不同的媒体，它们的需求也不尽相同，创冰可以最大限度去满足不同的用户。

创新解读：“离钱近”才是王道

创冰除了具备专业性、技术优势之外，变现能力的清晰同样是不容回避的优势。在“TO B”方面，创冰可以从合作的职业俱乐部、媒体客户那里获取很直接的现金收入和资源置换，而“TO C”的层面，海量的球迷和彩民群体未来将是盈利的爆发点，这是创冰能获得资本市场青睐的最重要原因之一。

7.19 军犬标王，天下没有难投的标

大数据时代的到来，对于招标投标领域意味着什么呢？30 多年来，招标投标制度在保证项目质量、提高经济效益、维护国家利益等方面发挥了重要作用。但是，随着招投标的范围和规模的扩大，招投标效率低、周期长等问题越来越为各界所关注。大数据时代的到来，为招投标领域带来了发展的新契机。

痛点解决：怎样用大数据解决招投标信息不对称

在 DT 时代，每天都会产生大量的数据，新的数据很快会被更新的数据所掩盖，怎样才能在海量的数据中甄别出对自己有用的数据是大数据时代所面临的一个重要问题。

招投标行业由于信息不对称，导致项目流产比比皆是，怎样才能从海量的招投标数据中独具慧眼，这是摆在招投标行业各相关从业者面前的一道难题。

军犬标王即是从这一痛点出发，通过复杂的大数据采集与分析技术，用数据洞察的方式来解决招投标行业由来已久的信息不对称问题。让产业链上的每一个相关从业者都得到自己所需要的数据。

数据支撑：数据的二次整合与加工

军犬标王的数据来源于互联网上大大小小的招投标网站，以及成千上万的政府及各事业单位的采购数据，包括历史数据与实时数据。军犬标王以招投标项目为中心，挖掘各个环节中的数据，从内容和主体两条线进行数据的深度关联。军犬标王不是对数据的简单整合，而是通过数据关联分析，找出数据之间的潜在联系，由已知判断未知，由历史预见未来。

应用对象：五类招投标产业链对象

军犬标王为招投标供应链上五大对象提供数据服务与支持，全程为其提供数据决策依据，更好地运用数据来推进项目的顺利进行。

招标单位：项目的发起者，从项目招标公告发的一天起，关于这个项目的生命周期正式启动。作为招标单位需要实时掌握招投标项目推进过程中的每一项数据，实时对项目进行把控，提高项目的可控性和招标质量。

投标单位：需要从数据分析中挖掘对项目有用的数据，提高中标率。

代理公司：需要从数据中挖掘招标公司与投标公司的数据，做出合理的判断。

监理公司：通过数据实现对整个项目的全流程监督，保证招标质量。

应用场景：项目全生命周期数据管理

军犬标王对招投标项目数据进行实时监测与跟踪，从招标公告到投标或者变更等数据实时预告，让相关单位及用户第一时间获悉有用的数据，做出科学合理的判断。更为可贵的是，军犬标王对所有的对象进行了关联分析，深入挖掘了涉及项目中的关键人和关键点，形成一张清晰可见的“网状”结构图，迅速看清整个项目中的决定性因素，辅助相关使用者进一步做出行动。

应用价值：大数据助力招投标

1. 利用大数据建立动态采购信息数据库，包含招标人、投标人的基本信息和交易信息。基本信息包括注册资本、所有制形式、营业场所和范围、法人代表姓名等。交易信息包括：货物类招标中的性能参数、中标价格和合同条件等；工程类招标中的造价、工期、设计方案、施工组织方案、工程量清单等；服务类招标中的用户体验指标、服务流程与态度、服务与描述的差异性等信息。这些信息有助于招标人查找到类似项目的招标方案、评标方法、合同条件等内容。同时，数据库还可以提供相关标的以往的合同条件及当前的各种报价，方便了解市场状况。

2. 大数据为评标提供了有力支撑。传统的评标方法难以掌握各种评标方法以及不同的评标因素及其权重设置对合同履行所带来的后果。通过大数据技术，可以将招标人的采购需求延伸到承包商的供应链，分析出不同的评标方法、评标因素等对最终招标效果的影响，实现招标人采购、评标委员会评标、承包商履约的一体化管理，为最优化的评标提供支撑，降低评标的机会成本。通过远程评标系统和计算机辅助评标系统，可以缩短评标时间、提高评标质量，降低评标的直接成本。

3. 以大数据思想建立承包商履约信息系统。主要包含两类信息：一个是承包商的基本信息，包含企业及主要管理、技术人员的基本信息以及反映企业资格、能力、业绩等方面的信息；另一个是承包商的诚信档案。企业参与投标以及履行合同时，其信用和履约等信息将被及时收集到数据库中。上述信息都通过联网方式从其他政府部门或公共资源交易数据平台中获得，并作为重要的评审因素。承包商履约信息系统还可以与其他诚信数据库互通，进一步影响到不诚信的承包商参与其他领域的活动，由此提高了违约成本，使得承包商在履约过程中会主动选择诚信。由此便可以降低公共资源交易合同的监督和矫正成本。

创新解读：主要的是从数据到人的关联分析

军犬标王不仅仅做数据的整合和推送，而是通过数据的采集与分析，通过一系列的算法，关联分析出项目的关键所在，对于使用者来说具有超强的决策辅助性。这是军犬标王运用大数据思维做招投标行业有别于其他产品的优势所在。应用大数据技术进行数据采集、分析，得出有价值的信息，是应用数据促进招投标内涵发展的必然选择，对于优化新时期招投标，构建社会诚信体系，提高我国公共服务质量具有重要意义。

7.20 汇法网，用法律大数据做征信

征信是专业化的、独立的第三方机构为个人或企业建立信用档案，依法采集、客观记录其信用信息，并依法对外提供信用信息服务的一种活动，它为专业化的授信机构提供了一个信用信息共享的

平台。在大数据时代，为征信的采集与分析，提供了另一种可能。

痛点解决：法律大数据怎样做征信业务

数据成为国家战略性资产，数据也成为重要的生产资料。在法律行业，不同资源的持有者会不断在现行体制下，依托资源进行各种组合，通过合法经营实现资源的变现和发展。然而，受制于信息的不对称和长期以来个人信誉、企业信誉信息的缺位，国内并没有一个能够统筹全国企业信息的平台或者网站出现，市场经济中的个体和企业人士，无法通过现行的渠道，得到更加完整和详细的个人、企业信用信息。因此，谁能搞出一个模式，谁就跨进了这个蓝海。

数据支撑：建立企业、个人信誉数据库

海量收集征信有关的信息，建立企业、个人信誉数据库。除了获得律师的判决书外，运用数据采集系统，每天监控 8 000 多家指定站点，自动抓取网站需要的信息。目前每天新增超过 20 000 个当事人司法信息。这些司法信息从最初的判决书（有法院的签章），发展为后期专利文书、行政复议函等，来源广泛，涉及社会生活的方方面面。

实现途径：为商业决策提供参考

遵循个性便捷地原则开发征信产品。根据用户的需要，对数据进行量身定制。可以告诉查询者所需要的征信信息。如该企业有没有因为负债涉诉等。为其商业决策提供参考。

汇法网则依托数据分析能力，通过对律师取得的判决书的整理，形成有法院认证的案例资料。通过技术手段将这些数据信息整理、分析和分发，形成产品和服务，获取收益。

盈利模式：为企业及机构提供征信服务

这一类法律大数据行业应用产品主要是通过推荐律师及出售法律资料来获取利润，以及为企业及机构提供征信服务获得服务费。

7.21 热云，专注游戏大数据营销

数据支撑

热云有4.5亿移动设备的去隐私数据，主要来自四大渠道：1.应用开发商嵌入的SDK收集的数据；2.离线数据；3.手机等硬件厂商的数据；4.运营商合作的数据。热云将这部分收集来的数据，进行二次整合归类。

应用范围

热云数据主要针对游戏行业，帮助手游公司精准运营自己的用户，对用户进行数据监控、分析和价值评估，实现用户精准化运营，预测付费用户流失的准确度高达85%。

实现途径

热云通过游戏领域的数据给用户画像，包括第一维度——性别、年龄、职业等，第二维度——兴趣爱好等，第三维度——短期意愿，第四维度——与购买相关，如付费能力等。总体涵盖四大维度，20多万标签。

应用场景

第一，精准营销。热云通过数据挖掘与分析，为游戏公司锁定

精准用户，帮助游戏发行公司在广告投放上进行决策和行动指南。

第二，洞察用户。对于新进的用户，热云会分析他们在其他游戏公司的表现如何，来确定是不是真实用户。

第三，流失预测。针对大额付费用户，建立预测模型。持续跟踪一款游戏的付费用户，观察用户的登录、付费金额、频次、核心功能参与情况等行为变化，然后总结出用户流失前的一个征兆现象。然后再跟其他用户进行比对，就可以帮发行和渠道方预测用户流失。

第四，广告监测。每个游戏公司都有广告投放的需求，热云就相当于裁判，对接了100多家广告平台的IDFA，利用防作弊算法，监测这些广告的效果。

第五，个性化推荐。主要是帮助渠道方提升渠道能力，提升单个位置上的IOI（兴趣指标），增加用户体验。

7.22 日志易，日志分析更容易

痛点解决

以往运维工程师在分析运维故障时，需要登录到每台服务器人工查看日志，效率低。当服务器硬盘不够或被黑客渗透攻击后，日志可能被删掉。日志易实时采集服务器日志，上传到中央处理系统，统一处理、保存日志，提高运维效率，保障运维安全。

日志易对运维日志、用户及业务日志进行采集、搜索、分析、可视化，用于运维监控、安全审计、用户及业务数据挖掘、物联网。

应用场景

1. 日志集中管理。无须登录各台机器，集中管理所有日志 .

2. 问题快速定位。通过搜索、字段过滤和统计分析快速定位问题根源。

3. 本地部署版。提供企业内部本地部署版。

4. SaaS 服务。提供 SaaS 云服务。

应用效果

1. 自动识别各种日志类型，自动抽取关键字段，将非结构化的日志转化为结构化数据；

2. 对日志做全文索引，方便搜索；

3. 对不同来源的日志做关联分析，方便及时定位问题；

4. 丰富的统计及可视化功能，日志情况一目了然；

5. 对日志进行监控告警，可电邮或短信通知用户；

6. 对日志进行分组管理，赋予使用者不同的权限；

7. 提供开放 API 接口，灵活对接第三方系统或二次开发日志应用。

可扩展性

日志易采用高性能分布式架构，可支持每日 TB 级别的日志量，每秒钟可处理 10 万条日志，搜索分析结果秒级延时，让用户查询到几秒钟之前产生的日志。日志易系统在普通 PC 服务器上运行，可根据日志量的增长逐步扩容。

7.23 译见，跨语言大数据产品的先行者

应用范围

社会安全、导向管理、行业服务、个人研究等多个层面都将有很好的应用方式，政府机构、企业、个人用户都能应用译见获取大数据分析报告。

应用场景

为政府提供大数据资文、政策分析、经济数据分析等服务，服务政府了解国内外动态，应对突发事件提供决策支撑；为企业提供资讯分析、技术分析、商情报告等服务，为企业发展战略制定、商业预判、生产经营提供有力的解决方案。

实现途径

1. 海量级数据：亿万级的数据量，千万级数据日更新。

2. 可视化模型：通过资讯文本分析与挖掘，解构出时间、地域、人物、热度、情感、数量、类别和趋势等系列要素，建构起行业主题，事件类型、地理信息之间的可视化知识图谱。

3. 行业及应用：用户可多领域设置关键词，及时发现和只能预警24小时内来自全球的关注热点，并获得垂直领域专业分析，涵盖新闻、汽车、科技、医疗、旅游、金融、体育和娱乐等。

4. 多语言支持：支持英语、法语、俄语、西班牙语、葡萄牙语、

阿拉伯语、德语、意大利语、韩语和日语等32种语言，一键读懂，搜遍天下。

5. 强大的数据采集能力：网页新闻、社交媒体、论坛博客和电商数据等多样化互联网数据采集，智能的数据结构化和互联网数据源发现技术，分布式数据采集集群和数据采集效率。

6. 先进的语言处理技术：机器翻译、机器学习、文本挖掘、语义分析、语音识别和图像分析等技术。

7. 智能的数据分析模型：融合机器翻译、语义分析、文本挖掘方法和行业领域知识，构建先进的跨语言文本，分析模型和领域知识图谱，实现深度文本大数据分析，提供强大的数据可视化工具。

使用对象：

从个人到行业再到政府，面向全球，覆盖政府机关、传媒出版、金融法律、IT汽车、广告公关、教育咨询、电新能源、文娱旅游、和医疗健康等上百领域。可帮助用户获得热点剖析、线索查找、平拍分析、市场研究、传播评估、商情分析、风险管控、灾难预防、危机公关、信息研究、公共事件管理、资本市场监控等。

7.24 乐视玩转《小时代》，当DATA遇上电影

痛点解决：怎样运用大数据分析运作一部高票房电影

大数据不仅影响到人类生活的方方面面，而且大数据分析正深入电影产业的各个环节，从投资、内容开发、剧本选择、导演和演

员的选择、拍摄和后期制作一直到宣传推广、终端放映等。

正是运用了大数据分析，乐视《小时代》电影是一部目标受众设计精准，融合多种营销手段的高票房电影。

数据支撑：互联网公开数据与业务数据的融合

乐视《小时代》电影数据主要来源于三大部分。第一部分为消费者数据，包括消费数据、阅读行为、会员资料等。第二部分为电影数据，主要包括电视节目收视率，电影票房数据，排片场次，电影名称、艺人、剧本、宣传片、宣传点、主题曲等。第三部分数据来源于互联网平台数据，主要包括百度搜索、新浪微博、腾讯微博、淘宝数据等舆情数据。

场景应用

《小时代》通过数据分析做出合科学的市场定位，定制营销策略，为电影内容创作，演员选择，推广手段等全方位、全流程提供了数据依据，让数据真正走到电影中来，让营销真正做到有的放矢，真正做到精准打击，有效投放。

实现路径：以数据分析为基础

乐视影业通过对兄弟公司乐视网提供的市场数据、地面营销系统提供的影院观众调研数据以及相关部门及专业机构提供的行业数据的综合分析，逐渐建立受众分析的市场定位数据系统，以为影片提供档期竞争环境和精准的目标受众分析。

应用效果：全方位预测电影成功率

大数据在乐视《小时代》电影上的应用效果主要体现在几个方面：

第一，投资风险评估。在电影投资立项阶段，大数据分析为影片的预算提供建议，提供对市场的理性预期，用精准的量化数字计算可能的投资回报率，以降低投资。

第二，定位观众，精准营销。《小时代》通过深入了解用户习惯，进行精准营销，通过话题营销，持续炒作。通过大数据可以知道电影的受众是谁、在哪里，可以全面了解受众观看行为和习惯，从而针对性地制订出合适的推广计划。

第三，票房预测。基于对搜索行为、社交媒体等数据的深入分析，可以测量亿万用户的情绪变化、描绘用户的行为模式、挖掘用户的潜在需求，实现票房预测。

7.25 NBA 背后的大数据，为提升用户体验而生

痛点解决：怎样提高职业竞技节目的用户体验

体育运动是人们的一种健康娱乐方式，它令人身心愉悦，深受人们的喜爱，而人们对体育比赛的热情更是有过之而无不及。如今从高尔夫到网球，从篮球到足球，数据分析不仅席卷了体育界，并且在其多个方面均有所利用。职业体育竞技以结果为导向的特点，使得大数据分析在职业体育技能提高方面的应用起步较早，职业体育已经处在大数据分析时代。

数据源：人与内容的数据整合

NBA 体育数据主要来源于两大方面，一方面是球员数据，包括运动员个人基本资料、个人收入、工作区域、球队资料、社会关

系等。另一方面是视频数据，包括球员、裁判动作捕捉数据，赛事统计数据等。

应用场景：身临其境的现场感

用一句话来说就是，NBA 通过大数据分析，提高了用户观看体育比赛视频时的体验，让用户不到现场看球，也有身临其境的感觉。

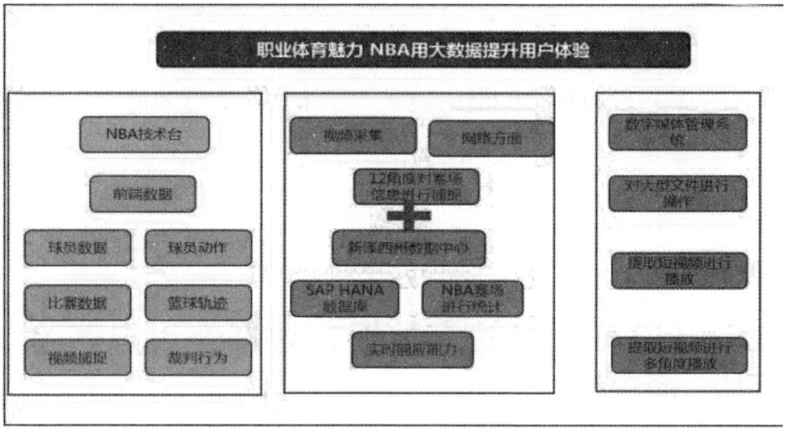

实现路径：数据分析进行多角度的播放

NBA 技术台能够对每个实体进行录像，然后把所有的数据带回去进行实时分析，在整个过程中，SAP HANA 会帮助他们不断的微调算法，帮助分析到底发生了什么。NBA 在过去十年左右的时间就建立了一个非常大的数字媒体管理系统，这里具有使用并观看每一个大型文件的能力，并且可以根据需求提取非常短的视频进行多角度的播放。同时还可以快速给你提供各种数据对比，让你最快的了解赛场信息。具体来说，就是大数据分析提升了 NBA 的用户体验。

应用效果：实现内容形态的多样性

大数据分析在 NBA 视频方面的应用，主要是对用户体验提升。利用大数据技术让用户有身临其境的感觉的。让球迷接受和认可 NBA 官网，让官网不仅仅是一个发布新闻的网站，而是一个能让包括球迷乃至分析师都能利用的可视化资源。实时转化成各种可视化的呈现方式，形成更加容易被人感知，形象性较强的电视节目，提供有价值的内容，进而提高专业化水平和实现内容形态的多样性。

7.26 积木策，让 HR 在大数据中找到“诸葛孔明”

大数据革新了人们的生活方式，也改变着人们的工作方式。对于企业来说，寻找人才和管理人才是重中之重，找到想要的人才和管好人才是关键。在以往的人力资源管理中，HR 招人和管人主要是凭借个人的从业经验。在大数据时代，如何运用大数据管理人才，为 HR 提供了一种新的思路。

痛点解决：HR 的最需要是什么

HR 在企业中担任着至关重要的角色，招兵买马、发放粮饷和激发士气，样样都关系到企业的发展，对于 HR 来说，如何才能英明地去执行，出色地完成任务？让 HR 在心中有自己的一杆秤，将工作量化，才是最为重要的。

任何一家公司的人力资源必须做的三件事是：事务操作、策略设计和沟通说服。事务操作是 HR 内部的事情，好处理；说服沟通则难在“有理，有据，有节”，也就是说 HR 需要一个有说服力的标准和规范体系，企业和员工都要按照这个体系，这个规则去行事和工作。

所以 HR 最需要的是一个科学，具有权威说服力的管理标准和规范体系！这个标准体系从何而来，大数据正在解决这一问题。积木策就是其中的一个案例。

数据支撑：各行各业的优秀 HR 体系设计案例

积木策的数据来源于各行业优秀的 HR 体系设计案例，通过数据采集的方式搜集大量的案例。另外一部分数据是行业资讯。

实现途径：通过算法将各行业优秀的 HR 体系案例整合

积木策通过独有的算法，将各行业优秀的 HR 体系设计案例，塑造成一块块的人力资源管理要素积木，企业按照自己的需求，在大数据平台上，将这些积木搭建成自己想要的各种“形状”，搭建成想要的各种标准和规范。

这种搭建的方式被称为“积木式算法”。就好比乐高机器人，将分散的零件组装成新的机器人模型。在积木数据库中有各种不同的积木模型（职能、素质、技能等），HR 用这些标准化的积木去搭建企业个性化的用人标准。只需要勾选，就可以轻松搭建。

同时积木策还通过大数据系统，实时推送和更新行业内各种人力资源对标数据，让这些标准和规范更具权威说服力；员工也可以在这个平台上，评测自己的能力短板，进行个人的职业规划，选取合适的培训课。

应用场景：自上而下

积木策在通用的基础上，不断地推出一些行业版本，比如房地产行业、运营商等，有针对性地为客户提供人力资源管理设计服务。未来，积木策还要通过“由上而下，由策略到操作”和“直触决策者”的模式，通过高客户黏性，向下整合 SaaS、培训等市场。

7.27 数趣，大数据可视化搜索平台

通常搜索信息是通过百度等搜索引擎来实现的，但是无法搜索到可视化的内容。随着互联网的发展，H5 等可视化的内容越来越多，但是在现在的搜索引擎里是搜索不到 H5 的内容的，搜索怎样适应时代发展的需要，怎样适应新内容搜索要求，是大数据时代需要解决的课题之一。

痛点解决：可视化搜索是未来趋势

数据可视化是对数据结果的呈现，是对数据统计分析的表达，也是数据流通变现的重要环节，更是智能搜索的重要方式。如何应用大数据技术，为用户提供发现和学习知识的新方式，是可视化搜索的解决之道。

东湖大数据交易中心推出的数趣可视化搜索平台就是其中的一个案例。

实现途径：数据可视化产品的多维度搜索

数趣网依托大数据采集挖掘技术、智能图片识别、中文自然语言处理、主题聚类算法模型等技术，通过对数据可视化产品的多维度搜索，实现可视化产品的制作生产、上传与分享、智能搜索、交易，为用户提供发现和学习知识的新方式。依托海量行业词词库，建立行业标签分类实现搜索的专业性、提高行业搜索的准确度。通过热点推荐、精细分类、专题汇聚、国内外精品、一键搜索、方便快捷可视化为行业预测、营销推广创造价值。

数据支撑：覆盖全球 90% 以上的可视化作品源

“数趣”的数据源覆盖全球 90% 以上的可视化作品源，除了静态图外，还将能搜索查询到最新的 H5、D3 等专业的可视化类别，将成为国内最大的数据可视化产品垂直搜索引擎和可视化知识分享社区，整合的数据覆盖了 200 多个行业、30 大种类。

应用拓展：更多应用场景可视化产品

围绕数趣，今后东湖大数据还会开发更多应用场景的大数据可视化产品，服务于政府决策、企业管理和个人数据资产变现，进一步推动大数据在应用领域的落地。未来数趣还将进行更多创新探索，逐步实现数据资产流通与交易的综合性服务平台。

7.28 掌慧智讯，基于大数据的实体商业解决方案

对于消费者而言，电子商务已逐渐成为重要消费选择，实体商业的“唱衰声”伴随关店的新闻也不绝于耳。然而实体经济仍然占据全国近九成的销售份额，同时埃森哲调研显示，消费者对实体经济的依赖程度正在大幅反弹，实体商业带来的服务与方便的体验始终是电商难以提供的。面对电商带来的挑战，实体经济如何顺应数字化营销带来的革新，对大量消费数据和移动互联网加以高效利用，成为化挑战为机遇的关键，更是实体经济再度迎来腾飞的重要突破。

数据支撑，多年线上线下数据沉淀

掌慧智讯，作为掌慧纵盈旗下基于大数据的实体商业解决方案，坐拥集团全部数据，拥有用户数量最多的无线通信业务，覆盖全国主流机场、高铁、医院、商城等众多线下数据资源。目前掌慧智讯日感知用户数 2 300 万 +，覆盖移动终端数量 3 000 万 +，覆盖 1 000+ 场所，每日处理用户行为数据 10 亿条次 +。同时，掌慧智讯还拥有移动互联网联盟、蚂蚁金服等海量线上数据，数据沉淀资本雄厚。

痛点解决：如何使大数据成为实体经济的新型商业工具

移动互联网对传统互联网的迭代更新，使互联网由人口红利期进入了数据红利期，商业的数据化已成市场共识。要实现实体商业

的复兴，强化消费者服务与方便的感知，击穿线上线下数据鸿沟、达到数据的凝聚与融合早已成为题中之义。如何使大数据成为实体经济的新型商业工具，利用移动互联网让线上数据与线下数据发生“化学反应”，深度挖掘线上线下数据价值，使线下零售商如虎添翼，进而提升门店运营效率、改善传统营销模式、理解更多的消费者。

应用范围：实体商业全业态适用产品

依托于掌慧智讯移动套件，可以提供详尽的客流分析报表，多重指标准确反映店铺运营情况，分时段多维分析，店铺、城市、大区、品牌多层分析数据，对比自身的销售数据，进行归纳，可以分析出什么样的人流量在什么时间段内，什么产品会卖得更好，以找到更好地了解用户需求的规律。利用长期数据服务经验，掌慧智讯提炼出适合实体经济门店的指标体系，涵盖十项关键基础指标。

指标名称	指标解析
到店人数	门店是否吸引人
新客户数量	第一次进入店铺的客户量
二次进店量	通过多次光临的顾客量判断重要客户群
二次进店率	消费者再次入店的比例
停留时长	顾客在店铺内停留时长以及对服务的满意程度
进店频次	重复顾客光顾的次数及顾客对店铺的高感度
实时客流量	实时监测店内顾客数量
设备类型	通过设备类型判断顾客的消费水平
周边人群	门店周边客流分析
LBS 行为轨迹	细化进店顾客停留位置及热区，优化货架及产品数量

实现途径：了解消费者了解消费需求

掌慧智讯作为一套为实体经济量身定制，提供集捕捉门店全面数据，打通线上线下数据的 CRM 管理和精准营销优化三位一体的智慧解决方案，拥有专业体验、深度融合及生态闭环三大维度服务优势，放大大数据交叉价值和效益，发掘用户需求规律。

优势一：基于掌慧纵盈数据沉淀的专业体验

掌慧纵盈就凭借连接能力和多业态场景，是国内拥有用户数量最多的 WLAN 媒体运营商，在覆盖人数以十万、百万计的大型机场火车站，依托掌慧纵盈的无线通信设置技术及丰厚数据沉淀提供为实体经济提供专业体验。

1．网络覆盖范围广

基于大型场站的运营经验，掌慧智讯零售端移动套件可以优化配置于门店不同位置，确保全店无网络死角覆盖。同时可根据客户需求扩大覆盖半径，至周边道路及公共设施，提升消费者使用体验。

2．信息识别精度高

当移动端设备出现在网络覆盖半径时，可以根据设备编码识别到店次数、逗留时长等信息，进而为消费者带来更加宾至如归的服务体验。

3．数据管理能力强

通过一站式云平台管理，结合门店客流信息，检索掌慧纵盈云数据库中沉淀的线上线下网络数据，实现有效匹配。

优势二：基于互联网级大数据处理能力的深度融合

传统实体经济数据系统，主要是依托于会员体系的客群分析。掌慧智讯通过云管理和互联网级大数据处理能力，可以帮助实体经济实现三大层面数据融合。

1. 线上线下数据融合

掌慧智讯通过识别线下门店信息，可以将线上消费及触媒行为等数据加以融合，真正打通线上线下，为品牌精准营销，也为消费者享受定制化体验提供全面支撑。

2. 品牌门店流量融合

掌慧智讯通过大数据处理将原本割裂的两大营销体系加以融合，将品牌线上数据与门店线下数据打通，帮助实现门店实现精准引流，也为品牌提供精准营销数据。

3. 多平台信息融合

掌慧智讯不仅可以应用来自 1 000+ 场所的线下数据资源，以及全国最大的无线通信媒体资源库，更有来自蚂蚁金服和移动互联网联盟等的线上数据合作，可以真正实现全网、全平台信息融合。

优势三：基于多业态场景化消费体验的生态闭环

以零售为主要销售方式的实体经济拥有门店加盟、零售渠道、多级架构和多维数据等众多特点。掌慧智讯通过对交通类、房地产类、消费类电子产品、奢侈品类等诸多产业的调查研究，实现品牌、门店和消费者之间数据的高效流动，进而打造基于多业态场景化消费体验的生态闭环。

1. 品牌获得线下门店和线上行为双重反馈

掌慧智讯移动套件和云数据管理平台，给以帮助品牌获得来自线上线下的实时大数据信息及报告，进而为优化营销投入结构和精准营销提供支撑。

2. 门店获得品牌营销和人群画像双重支持

在全新营销结构下，门店可以根据相应客流及业绩获得品牌更加有针对性的营销帮助，结合掌慧智讯提供的多维人群画像使销售和引流有的放矢。

3. 消费者获得品牌资讯和门店体验双重服务

没有差广告，只有投错受众的信息。消费者从来不反感他们真正感兴趣的品牌资讯和门店导购，掌慧智讯可以带来优化的购物体验，节省更多的时间及成本。

应用场景：为多业态提供全过程大数据新视野。

掌慧智讯产品应用场景

产品	应用场景	核心价值
前瞻数据结论	渠道管理、门店选址	预测商业潜能，科学选址决策
行情数据分析	市场分析、竞品分析	制定市场费用，优化开支结构
需求规律挖掘	用户定位、销售策略	多维人群画像，提高用户到店
经营数据管理	营销配置、渠道培训	监测门店运营，拓展认知边界
精准营销洞察	市场营销、科学决策	扩大客流来源，提升会员体验
数字营销优化	市场营销、营销配置	节省营销开支，智慧投放选择

4. 大数据为实体经济提供前瞻数据结论

应用对象：某消费类产品新址选择。

应用过程：通过移动套件对目标地周边客流进行识别、分析，结合云数据库内消费者线上消费行为判断目标用户数量及占比。

应用结论：新址可以吸引周边近 10% 的客流，建议选择。

产品意义：以往实体经济在选址及优化门店配比过程中过于依

赖经验，掌慧智讯通过大数据管理及处理，可以提供真实有效的前瞻性数据参考。

5．大数据成为实体经济行业分析师

应用对象：某汽车品牌车展展位。

应用过程：在新上市车型中设置移动套件，通过对进车体验的设备所有者及进入展台内人群的对比，结合线上触媒习惯，判断不同产品对消费者的吸引程度。

应用结论：原本冷门的新款 A+ 级车型获得较高关注度，建议反馈产能配比。

产品意义：来自于意向消费者最真实的反馈，是企业决策的重要依据，而对消费行为的分析报告具有更高的价值。

6．大数据为经营管理拓展认知边界

应用对象：某美妆类加盟品牌人群对比。

应用过程：通过打通消费者线上电商消费及触媒习惯，对比线下初次进店消费者购物行为，判断货品的摆放位置及购进数量，结合会员加价购扩大会员群体。

应用结论：彩妆类消费品对比线上不仅有价格优势还有品质保障，通过两周活动吸引众多新增会员。

产品意义：在当前消费升级的阶段，消费者不仅需要感知优惠，更需要无时无刻感受品牌对他的关怀与服务，对喜好的关注正是对人性洞察的开端。

7．大数据为精准营销科学决策

应用对象：某奢侈品广告投放。

应用过程：通过掌慧智讯云管理平台，整合意象消费者档案数据，打通所有线下门店识别的消费者购买行为、停留时长等信息，优化非奢侈品类媒体投放收益。

应用结论：对这一季新品感兴趣的消费者习惯在某视频网站收看某综艺节目，将当季过半预算换取视频开始前广告，广告跳转量及门店客流量迎来新高，节省对应市场部开支达 21%。

产品意义：对意向消费者消费行为和价值好恶的判断，对于同类型消费者都有极高的参考价值，通过提炼用户标签，可以最大化营销收益。

借助掌慧智讯实体商业解决方案，实体商业可以实现高效利用并提取有效线下数据，同时借助数字化营销新变革打通线上海量数据，使商业活动与大数据形成合力，迎来实体经济的再次腾飞！

BIG
DATA
ABILITY

大数据能力

BI

NLP

遗忘算法

高并发

数据采集

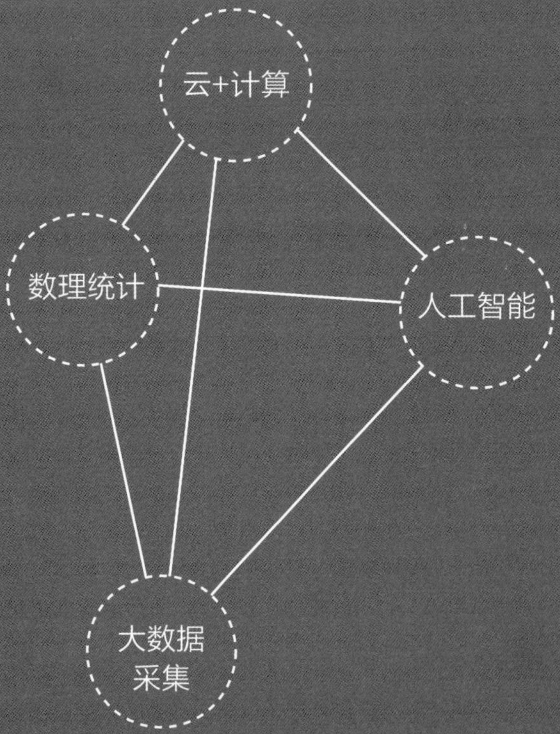

中科点击®
ZHONGKEDIANJI

PART 05

民用篇

大数据重新定义我们的生活方式

第六章

大数据应用将如何改变我们的生活

8.1 对于个人，大数据能改变什么

目前，大数据的应用都聚焦在 TO B 的应用上，因为 TO B 的商业模式是显而易见的，能够看到直接的收益。但是，每一次变革，最终受益的都是个人，大数据不但改变了每一个行业，每一个企业，而且正在或者即将改变我们每一个人的生活。

有了大数据，之前不敢想的事我们可以大胆去想。突然有一天，当你发现，走进 KTV，点歌机推荐的歌曲居然都是你的“心头好”；开车上路，原本可以堵出“怒路症”的道路畅通了；网上购物，曾经慢到让人“抓狂”的送货时间如今缩短到两小时以内……你一定感到惊喜，但你不一定知道，这些都是大数据在背后帮你。

大数据并不是高高在上的，不是高冷的、停留在书本上的概念，它已经进入并改变着我们的生活。在每一个有意或者无意的瞬间，我们都在感受着来自大数据的力量。

基于大数据的滴滴打车已覆盖全国 400 多个大中型城市，为老百姓带来很多便利。正如腾讯副总裁江阳所说，“未来滴滴打车还能够为用户设计‘智能出行方案’，当你输入出发地和目的地，系统便会给你方案：是打车、拼车、公交还是地铁，哪种搭配组合更经济、方便。

大数据不但可以帮助我们搭配最佳出行方案，还可以预判消费，应对突来物流需求，还可以方便就诊，合理分配医疗资源，甚至还可以实现信用兑现，享受服务不掏钱。

从无人驾驶到移动办公，从个性化教学到机器人新闻，大数据几乎无所不能，那么大数据到底能改变我们每个人什么？

也许在不久的将来，大数据会从各个方面提供为人类提供“大白式”的帮助，不管是从物质到精神，以聚合的方式、全方位地为我们的生活服务。这听起来是不是很酷？是的，这已不再是幻想，而是真真切切能够实现的事。

当有一天有一个专属于自己的“大白。有一个大白，能随时感受你的伤痛，愿意做一切对改善你的情绪有帮助的事情，紧急关头能舍弃自己的生命成全你的使命，我想你没理由拒绝。

大数据不但改变着我们的生产生活方式，而且改变着我们的思维模式与管理模式。其实我们的一举一动，每一天，每一分秒的举动，都与大数据相关，都与数据产生密切的关系。甚至当你有一天租车、租房的时候不需要押金时，你会不会感到莫名其妙？其实一点儿都不夸张，这都是大数据的力量，当用户的积分达到可信时，租车、租房时，不需要交付押金。可以说，大数据让有信用的人，生活变得更简单、便捷。大数据使我们的生活越来越便利，但同时，中国数据中的多半信息未得到所需保护，其占比为 51%；得到所需保护的占比 49%。这个数据足以说明，人们对数据价值的认识还不到位，数据权属认识还不清晰。

当有人还没有弄清楚大数据为何物的时候，有人已经运用大数据赚到了大把的财富；当你还在对大数据懵懵懂懂的时候，你早已成为别人眼中的数据猎物。每一个新生事物都有自己的法则，我们只有善于接受，善于学习，走近它，了解它，利用它，才能发现数据的价值所在，才能发现数据的魅力所在，最终让数据为我所用，为我们服务。

8.2 怎样用大数据，优雅地谈一场恋爱

有时候，当你和你女朋友吵架吵得不可开交的时候，你是不是想过，她也许真不是跟我能够过一辈子的那个人，也许我们两个之间根本不合适，你甚至偷偷地打开婚恋网站，寻觅心中幻想的另一个“她”，这种想法你是否曾经有过？

但是当你看到像无痛人流广告一样烂俗的网页设计时，你顿时厌恶地关掉了网页，因为你清楚地知道，你看到的并不是你想要的。她完全破坏了你对“寻觅知己”的优雅想象。在快节奏的现代生活中，对于疲于奔命的我们，无暇去茫茫人海中寻找自己心仪的“她”，大千世界中你不能一个一个地去搜索你心目中的对象，想到人生这么无趣，你不免感到有些绝望，顿时觉得人生了无生趣。

嘿嘿，但是别急，那是因为你没有遇到大数据。

在未来的某一天，大数据可以让两个人更加了解对方，也可以让一段婚姻更加忠诚。那么，在未来，如何基于大数据找到我们的伴侣？不妨想象一下。

通过多维搜索数据全面了解“ta”

毫无疑问，大数据一定是跨平台的，这有赖于数据挖掘与采集的崛起。我们每个人的数据，散落在互联网各个角落里，如社交网站，购物网站等，就如同散落的星子，只是它们是零散的，不成体系的。当你把这些数据全都整合到一起以后，那么就可以形成一个人的整体画像。加入这些数据给换联网站，而你恰恰是这个婚恋网站的会员，那么接下来会发生什么？

随着人体密码日趋告别神秘，如凯文·凯利所言：个人 DNA 副本在今天十分昂贵，但不久后便不再如此，制药公司会付钱购买你的基因序列。数据公司自然也有办法，而以前诸多研究证明，两人成为夫妻，不仅因为投缘，相比陌生人，基因也更加匹配。基因信息自然会成为婚恋网站匹配度算法的重要依据。

但是，两个人在一起，不仅仅是基因匹配那么简单，它只是其中的一个维度，更重要的是三观相符，生活方式大致趋同，不能有太多的冲突。这些在个人过往的数据中都有迹可循，让你做到知己知彼。也许你会说，恋爱本就是很感性的，搞得这么理性有什么用，事实上并不是如此，老祖宗讲“门当户对”还是有一定道理的，总比结婚后再出轨、离婚要好得多吧。

那么怎样通过大数据来了解一个人呢？事关三观的问题，我们最好还是认真点儿。

比如，通过各大电商的购物记录，大体判断一个人的消费能力和习惯，以及对某类商品的特殊偏好。通过微博、微信等社交媒体的关注圈子和言论内容，以及固定频次浏览的网页，大体判断兴趣爱好和价值取向；通过大众点评等生活信息及签到网站，大体判断饮食口味；通过票务网站，大体判断是否有旅行习惯；通过晚上12点之后的在线频率，大体判断作息时间；通过豆瓣上的记录，可以全方位还原一个人的文娱和阅读偏好等。

这样的数据我们可以无限度地列举下去，数据越多，对某一个人的了解也就越全面。有了大数据，每一个人的未来都是赤裸裸的。在大数据时代，你骗不了你的过往，你的过往正在勾勒你的人格。婚恋网站可以用这些数据，真正为用户做到精准推荐，给喜欢青菜的推荐青菜，给喜欢萝卜的推荐萝卜。

作为一段契约关系，无论与他人共度一时还是一世，都无比重要，还是谨慎点儿好。我不太相信顺其自然或缘从天降，更对“婚姻怎么选都是错，长久的婚姻就是将错就错”持怀疑态度。科技本质上就是让人类有更多选择，倘若通过科技，让人不管走过多少桥，看过多少云，喝过多少酒，都可以在当下找到最合适的对方——哪怕只是纯粹理论上的，也算功德一件。

也许我们还有疑问，面对不靠谱的人性，单凭数据究竟能匹配到什么程度，眼缘到底靠不靠谱，只有试过才知道。但是，通过大数据的多维搜索，可以寻觅到任何关系，如朋友、情人、哪怕是驴友，找到趣味相投的人。

但是问题又来了，也许通过大数据给你推荐的和你匹配的人不止一个，那该怎么办？对于有选择困难症的人来说是一件痛苦的事情。这也许也是一件很正常的现象，毕竟中国那么对人，适合你的另一半不止一个。“天造地设”的一对，那只是锦上添花的形容词罢了，并不作为事实的描述，没有科学依据。

全世界的出轨率与离婚率都在急速上升，一方面是外界的诱惑太大，另一方面是也许是这段婚姻本身就是不合适的，为以后的出轨或者离婚埋下了伏笔，那是因为在结婚证之前没有可依赖的数据表明两个人是否合适，然后就草草结婚了，到最后才发现两人根本不合适，所以爱情“翻车”是必然的，只是时间长短的问题。

有了大数据做支撑，在恋爱之前，先用数据过滤一遍，可以大大降低婚姻失败的概率，对提高婚姻幸福指数，提高生命质量是大有裨益的。

8.3　怎样用大数据，运营一个热门的自媒体

自媒体的崛起，改变了人们的阅读习惯，也改变了内容生产方式。自媒体意味着信息发布权的去中心化。自媒体意味着人人可以发布信息，人人可以选择信息。自媒体意味着一部分内容的消亡，也意味着一部分内容的崛起。自媒体大大降低了内容创业的门槛，也成为受人追捧的一种商业模式，成为知识变现的一种颠覆性革命。

人人都是自媒体，人人都可以做自媒体，但是各有各的幸运和各有各的不幸，有人做自媒体大红大紫，粉丝上千万，受到资本青睐，名利双收，走上人生颠覆，而你辛辛苦苦码字，也只有寥寥几个粉丝，只是自娱自乐罢了，离变现的道路还很遥远。

同样是做自媒体，人和人的差距怎么就这么大呢。虽然说自媒

体没有门槛，人人都可以做，但不是人人都能做好。这里面有很多的因素，除了拥有内容创作能力以外，更重要的是你得懂内容运营，懂用户运营。自媒体其实不是内容的填充那么简单，而是要当做一款产品来运营，从数据中总结规律，优化你的内容，优化你的平台，提升阅读体验，让更多的人关注你，认可你，追随你。毕竟自媒体说到底还是粉丝经济，没有粉丝，没有流量，一切都是空谈，即使你的内容本身很有价值，也很难变现。要让你的自媒体成长为一个大号，甚至成为一个热门 IP，这中间要走的路很长很长，除了需要足够的专业精神和坚持之外，也需要那么一点点运气。但是，自媒体也各有各的不幸，成功的自媒体总是相似的。学会数据运营，可以让你在自媒体运营过程中少走弯路。

首先你得知道你的粉丝群体，对他们的画像做到心中有数，才能做到有的放矢，确保每一篇内容都能击中粉丝的内心。

用数据定位我们的精准用户

别人关注你，是因为你的内容对他的口味，所以关注你的粉丝应该是一群趣味相投的人。所以我们通常都会关注用户画像，也就是我们的用户到底是怎样的一批人，他们来自哪里，年纪多大，教育程度，甚至收入程度，他们的兴趣等。甚至我们要清楚他们的阅读时间，阅读习惯等一系列的内容，越全面对我们越有利。毕竟做自媒体大家都是奔着变现的目的去的，只有把你的用户“伺候”好了，你的内容才有可能产生较大的价值。

在此基础上，我们还会把用户定位为社群生态运营，就是不断的把用户聚焦在一群里，大家相互交流心得，谈天说地，聊人生，谈理想，交朋友。他们的言谈内容，其实就是我们想要的数据，我们需要对他们的交流内容进行整合分析，更深层次地了解他们的喜好与需求，做出更加贴合用户的内容。

用数据分析你的内容阅读率

你的内容受不受用户喜欢，不是你说了算，是数据说了算。你需要清楚地知道：

◆那些获得疯转的文章，激起了用户的哪种情绪？

◆清单？图表？哪类文章更有可能被用户分享？

◆读者更喜欢分享短文章还是长文章？社交媒体上的文章，最理想的长度是怎样的？

◆“信任”是不是驱动用户分享文章的一个主要因素？

◆文章有没有附上一张图片，会对分享转发带来哪些影响？

◆有大V分享你的文章，跟没有大V分享，带来的结果有多大差别？

◆一篇文章发表几天甚至几周后，怎样才能继续让用户转发分享？

◆星期几发布文章最容易获得分享转发？

以上这些只是数据分析的一部分，当然你需要更多的数据支撑，才能作为运营自媒体的依据，数据越全面，对你来说，参考价值就越大。

做自媒体绝对是一门技术活儿，而不是拍拍脑袋就能做的事。耐心研究后台数据，分析对比，从中找出每篇文章与读者脉搏之间不合拍的地方。

8.4 怎样用大数据，让你的钱包鼓起来

假如你有闲钱，想让钱变得更多，你会想到投资或者理财，但是又不知道钱投在哪里好，或者买哪类理财产品更靠谱，当你心中有疑虑，或者拿不准的时候，也许大数据能够帮上你的忙。

对每一个从事量化投资的人来说，心中都有一个用“公式打败市场”的梦想。在大数据时代，各种针对大数据处理的技术的发展将在量化投资中得到应用，为投资者创造更大的回报。

对于投资理财来说，第一要把控风险，最大限度地降低投资理财的风险，保障资金安全，第二是收益，投出去的钱要能保证有好的收益回来，这是每一个人都在考虑的问题。

在过去，理财产品无论是在物理网点还是在针对人群上都是相对分散的。一般的情况是，风险厌恶型投资者，直接把钱放在银行存款，高阶一些的投资者则选择购买货币基金、债券型基金或者保本基金，如果资金量较大，还可以购买信托产品。风险承受能力更高的投资者则会选择股票型基金，或者直接投资股市、期市。然而，一般投资者并没有机会接触到所有的投资品种。但在互联网大数据时代，金融产品互联网化，投资者可以通过互联网选择投资的品种。那么在互联网金融井喷式发展的今天，大数据是不是也能帮助我们寻找到最合适的生财之道呢？

通过股票大数据的分析，可以掌控宏观经济、行业动向、个股

关注、财经新闻报道曝光率、股票论坛用户参与度，能全方位展现投资者与股票间的互动情况，隐含了海量的投资辅助信息。可以为我们投资提供数据参考依据。

不可否认，对于金融行业来说，虽然随机性的因素非常多，但并非没有确定性的因子。如同天气预报那样，你知道的有效信息越多，就越能知道结果。没有人能否认信息的重要性，谁提前一步知道政策的走向、公司的重大变化，谁就将具备相当的优势。

可以通过互联网上相关股票的数据，了解相关企业及股票涨幅，及时汇总股市行情排行，以及股票综合排行，全面判断一只股票的健康指数，以便更好地决策，更好地投资。通过公司事件及异动，了解公司有可能存在的风险，降低投资风险，最大限度地保障资金安全。

8.5 怎样用大数据，写一个光阴的故事

"四年期间，65门必修课，7门公选课，70位任课老师……""四年里，你偏爱集锦园食堂，消费金额位居榜首1 014.75元……"一封《光阴的故事》在华中科技大学的毕业生的朋友圈里广为流传，上学期间的每一幕，都在故事化的场景里叙述，引起了众多毕业生的共鸣。看到这些在华中科技大学留下的痕迹，毕业生纷纷表示感动和温暖。每一位即将离校的学子只要打开链接，输入自己的校园账号就能获取在校期间的学习，读书，餐饮等各方面数据和收获。

可以毫不夸张地说，未来每个人的一生就是一部数据史，大学时光是每个人一生中最美好的时光，也是最难忘的时光。你入学开

始，到毕业离校，用数据描述了你在校期间的经历。包括生源地、在校班级、转专业、学期注册、所修课程、授课教师、加权平均成绩、四六级英语成绩、奖助学金、科研成果、荣誉称号、访问学校教学信息服务平台、计算机等级考试、校园卡消费、食堂、校内超市、校车、图书馆借书和门禁、党员发展历程等情况，用数据和场景故事一页一页呈现在你的面前。

"轻轻地我走了，不带走一片云彩，但是请将你的回忆带走，请将你的故事带走"。数据记录了你在大学的一切，这一切如影随形。

你是吃货还是学霸？大数据告诉你

每到毕业的时候，厦大毕业生都会收到一份特殊的礼物：由厦大图书馆设计的一个名为"圕•时光"的网站，收集整理了毕业生大学时代的阅读记录、进馆次数等，被毕业生视为大学生涯的图书馆记忆。今年，这个网站还特别增加了毕业生在食堂的消费记录，如打了多少份免费米饭。也就是说，这是一份物质食粮和精神食粮的双重记忆。

由于2016年的"圕•时光"，新增了学生们在食堂的消费记录，毕业生登录后，不仅能看到自己最爱去的餐厅、超市、消费的金额，还能看到自己在大学期间，打了多少份米饭。厦大图书馆表示，这是根据学生一卡通的大数据统计出来的，只提供给学生本人。

此外，另一个来自"民间"的网页"你在厦大吃了多少米"也获得了不少学生的青睐。在这里，米饭用"两"来计算，只要是在校生就可以填写。接下来，朋友圈里掀起了一场米饭"攀比"吐槽大赛："朋友圈的朋友四年在厦大吃的免费米饭均值都在2 000两多一点，为什么我……"一名吃了3 626两的林姓女同学有点儿尴尬。

3 年才吃了 1 697 两的于同学开玩笑，“我要怀疑自己是不是真的在厦大读了 3 年了。

吐槽五花八门，但“圕·时光”网页上的一句话，却引起了受访者的共鸣：“每一粒，都能咀嚼出母校的爱。”

除了免费米饭，还有精神食粮：登录“圕·时光”网页后，还可以看到自己大学期间的图书馆印记。包括第一次到访图书馆的时间，借阅的第一本书，最喜欢的座位，最常阅读的图书类别，一份书单。也就是说，看了这份礼物，就能知道自己距离“吃货”和“学霸”还有多远了。

每个人的一生，其实就是一部大数据史，当你老了时候，你的传记也由大数据来书写，一生爱过多少人，做过多少事，创造过多少财富，加过多少班，犯过多少错，这些都可以用数据来量化，用数据来记录，这就是数据的力量。

8.6 拥有一只能和你谈情说爱的“阿尔法狗”是怎样一种体验

你是否想过，也许有一天你可以与任何物品对话，可以与任何东西产生连接。将来，更多的物品和工具都能通过互联网被控制，传感器无处不在，人与人、人与机器、机器与机器之间将发生对话和信息交换。这就是大数据和人工智能的力量。

人工智能是大数据应用的一个重要方向，在未来，“阿尔法狗”不止会下围棋，还能跟你谈感情。人工智能的核心是大数据，不管是机器学习训练还是其他算法优化，大数据都是最核心的支持。没有数据的场景不可能实现人工智能。

现在的人工智能这么火的原因，主要是大数据的缘故，正是因为有越来越多的大数据，可以让机器做一些人才能完成的事情，所以人工智能才在当前火热无比。

谈到人工智能，我们不由得想到谷歌的无人驾驶汽车，小 i 机器人等一些耳熟能详的案例。未来，智能机器人将会无处不在，无所不能，会驾驶汽车，会聊天，会工作，甚至会“谈情说爱”，你无法想象这是一种怎样的场景，这一切都归功于大数据的发展与应用。

这一切才刚刚开始，在不远的将来，人类的生活场景将被重新定义，将被重新改写，我们不敢想，不敢做的一切，将陆续变成现实。

开车时，你说出地点，自动驾驶系统将你带到目的地，或者未来根本就不需要再考驾照。

在医院，你看到漂亮的机器人护士在运送医疗器械，和来自日本的“大白”机器人 Robear 在照顾病人，有知心的“大姐”在陪伴，这一切都是人工智能。

在酒店，2015 年新上市的日本 Henn-na 服务生机器人包揽了从值守前台、运送行李到客房清扫等一众服务。

下班后，你按下了“回家模式”，推开家门你发现，窗帘已经拉上，温度适宜，灯光柔和，热水烧好，还有日本软银公司的家居机器人 Pepper 跟你卖萌问好。

在家里，你用 iWatch 打电话，使用的是可监控和改善睡眠品质的 APP。

其实，你还可以使用汪峰同款无人飞行器，载着钻戒，向你心爱的她求婚……

这一天，我们等得太久了；这一天，就要来了。

但是，你应该知道，这一切的背后都是依赖“大数据”。

经历了寒冬后的2014年，人工智能有了质的突破：一方面，弱人工智能已经有很多成果或者商业化的产品落地，比如语音、人脸识别精准度的大幅提升和即将发售的各种智能家居和机器人；另一方面，疯狂的科学家、科技巨头和大量的资本也在合谋着更廉价高效的计算和惊世骇俗的产品，以求让计算机像人类一样聪明。

那么，这次人工智能的喷发将会波及多远？它将在多大程度上改变我们的生活方式？

人工智能的基础是深度学习，PC互联网高速发展，随后移动互联网又异军突起，快速覆盖PC互联网已占有的江山，重构互联网世界。而大数据的崛起，为计算机的深度学习提供了丰富的素材。

数据是人工智能的燃料，因此收集各个维度的数据信息显得尤为重要。移动互联网的迅猛发展，产生海量的数据，种类无所不包，特别是在手机成为人类的“信息器官”后，人们衣、食、住、行各方面的数据被全方位捕捉，这就为机器拟人化提供了客观条件，用科学家的术语说，大数据帮助他们“突破模型界限”。大数据已经就位，燃料充足。

然而，仅仅有数据还远远不够。要想让机器足够聪明，那么机器还需要更快的计算速度。在大数据和计算能力之外，更重要的是：在十多年间，人机交互发生了两次突破。实际上，信息革命降临以来，每一次商业上波澜壮阔的潮起潮落都是由人机交互方式的变革引起的：PC 和鼠标的诞生，DOS 系统到视窗操作系统的进化，再比如触屏操作和语音交互问世。其中最后两个都是近十年发生的。特别是语音交互，它意味着计算机拥有了“听觉”并能给出正确的反馈。语音交互的实现解放了人类的双手，促进了人类生产力的巨大飞跃。

随着计算速度的越来越快，数据越来越丰富，新的算法不断被开发，人工智能的未来让人充满了想象。人工智能思想家 NickBostrom 描述了三种超人工智能可能的工作模式：能够准确回答几乎所有困难问题的先知模式，能够执行任何高级指令的精灵模式和能执行开放式任务、拥有自由意志和自由活动能力的独立意识模式。

第一种模式已经大部分实现，第二种模式正在通过深度学习不断逼近。至于第三种，自从 1920 年科幻舞台剧《罗素的万能工人》上演之后就一直没有停止过对“拥有独立意识机器人是否会毁灭人类”的争论。最近一场争论是以盖茨、霍金和穆斯克为代表的悲观阵营认为人工智能有潜在的危险，甚至可能毁灭人类。他们本是人工智能的“疯狂拥趸者”却站在了科学的悲观立场，但是不管怎样，人工智能时代，大数据时代已经无法阻挡地来了。

另外让人疑虑的是机器人的“人格”问题，这是一个严肃的问题，没有人知道答案。目前我们也只能从《2001 太空漫游》、《人工智能》和《超能查派》这些隶属于三个不同人工智能时代的代表电影中获得些启发。但是由此引发的关于机器人伦理问题的讨论也不绝于耳。机器人越来越聪明，甚至智商已经超越了人类，如果情商有一天也和人类相当或者超越人类的时候，那么对于人工智能机器人的角色，作为缔造者的人类又该如何去定义“它”？这是我们不可回避的问题之一。

再回到现实中来。曾获得过雨果文学奖，近两年很火的一部科

幻小说《三体》中曾经有一个智子的形象，他集各项特工素质为一身，是一个可能毁灭人类的机器人，相信读过《三体》的读者，看后都有细思极恐的感觉。但是从目前科技的发展水平来看，真正实现小说里的场景的话，着实还有一段漫长的路要走。

现在，我们能预见的美丽新世界的模样应该是这样：在不久的将来，机器人能理解我们的语言、懂得我们的情感，能让我们的生活质量提高；我们更期待机器人可以代替人类做一些危险工作，希望沃森能够尽早帮助医生尽早找到治疗癌症的有效方法。

对于人工智能，你是憧憬多一些还是忧虑多一些呢？但是我们依然心里充满期待。

8.7 当 AR 遇上大数据，人人都是“行走的百科全书”

20 世纪，我们进入 PC 互联网时代，用了 100 年的时间；

21 世纪，我们进入移动互联网时代，用了 10 年时间；

从大数据概念到大数据应用全面开花，也仅仅用了 3 年的时间；

2016 年，我们也许只需要 3 年，就能全面进入虚拟现实时代。《三体》世界中的超级“智子”，也许早就已经开始发酵，离我们的生活越来越近。

从游戏到音乐，从电影到读书，“虚实结合”俨然成为了新的技术与文化潮流。至此，增强现实技术凭借着新鲜的交互体验，已经成功地引起了技术潮人们的注意。然而，想要真正攻略天下苍生的心，代替移动端成为新一代生活刚需，少不了大数据的“精准读心术”。

让我们一起来畅想一下未来的大数据生活，在与我们息息相关的医疗和教育领域能带来什么样的改变。

未来当你看病的时候，或者你是一名医生，一切都变得比较简单。根据集成全球历史可查得病历和疾病史的综合数据库，医生可以实时地匹配相关过往参考病例。与此同时，输入病人检查时的各项身体特征，后台自动返回智能分析的预判诊断结果。有了医疗综合数据库，不需要医生再去辛苦苦去分析，或者凭经验去诊断，一切都变得智能，变得轻松。

另外，还可以运用外科手术导航，降低临床失误。外科手术导航指的是跟踪手术器械和病患伤口的检测技术应用。应用 IGS（外科手术导航），外科医生可以在手术之前获得患者手术部位的三维信息，便于准确制定手术计划。有了它的强力辅助，医生手中的柳叶刀将实施得更加精准。

另外，运用大数据可以获得远程专家指导，缓解资源不均。无论国内国外，优质医生资源都像码农的女朋友——缺得很。对“专家”、“主任”医师的争夺，也是众多医患矛盾的导火索。如果大数据不仅能协助医生自动预判病例，也能精准推荐领域专家，并尝试远程连接会诊，在一定程度上可以均衡优质医生资源。

大数据和 AR 的结合有着无穷无尽的想象空间。

假如有一天，当你扫一扫晚餐食物，每一样配菜的卡路里和建议摄入量就跳了出来；照一照镜子，衣橱里每件衣服的上身搭配效果就自动显现；拍一拍旅游景点，背后的故事动画弹了出来……想想是不是很神奇？

也许有一天，想要买房的你，多看了几眼小区名称就能 360°无死角俯瞰户型和房间，让目标尽收眼底；当你进入银行时，服务台的工作人员立即利用 AR 设备，清晰地“看到”了你的客户等级、信用分数值，不用你再证明或者提交任何证明材料，当面决定是否批准你的车贷房贷，这是不是听起来很酷？而当你打算购买一款基金产品的时候，眼神扫到产品的名字，基金经理立马就蹦了出来，向你鞠躬并介绍投资理念，以及对产品的专业解读，真可谓“不怕做不到，就怕想不到。”这就是未来即将发生或者正在发生的事。

我们可以预见的是，各行各业甚至包括严谨的金融行业都要接受 AR 如梦似幻的洗礼，都要遭遇大数据的“上帝之手”的调控，甚至在我们感觉枯燥乏味，严肃的场景或者行业，衍生出更为新鲜丰富的体验。

也许未来你不再用百度去搜索你的问题答案，Google Glass 也会变成“隐形眼镜”，你的意念及思想就可以控制背后的数据，当你想要什么的时候，背后的数据这把“上帝之手”就会将结果自动推送到你面前，因为你就是一部“行走的百科全书”。

后记：大数据是一种生活方式，应用才是王道

让我们暂且忘记那些头晕目眩的大数据概念。说实话，我们不想听那些高深莫测的大数据技术，我只想知道，大数据能带给我什么，能改变我什么，有哪些应用价值，跟我有什么关系。所以，请别跟我谈概念，我不想听，也别跟我谈技术，我听不懂。这也许是被云遮雾绕的大数据忽悠怕了的人们心里的真实写照吧！

大数据从开始到现在，风风火火说了这么多年，但是似乎离我们大众的生活还有一段距离，很多人还搞不懂大数据是什么，可见对于大数据行业的从业者来说是多么的失败，从目前来看，整个大数据市场还处于培育和普及阶段，能够真正地深入大众生活，让普通老百姓感同身受的大数据应用更是少之又少，屈指可数。就目前的现状来看，大数据更多地应用在政府和商业领域，而用于个人领域的很少。

不能用，就去死！

忘掉那些虚无缥缈的概念，忘掉那些无趣的技术，如果都不能用，有什么用？技术不是用来炫耀，也不是用来自我陶醉，是用来解决实际问题的，改变人们的生活和工作的。所以一切脱离应用场景的大数据都要去死，一切不以应用为目的大数据公司都要over！一门好的技术都是以应用为目标的，不能应用的技术都不是好技术！

所以，大数据重在商业模式的挖掘，以及商业场景的定义。就像互联网与移动互联网解决我们生活或者工作中的问题，俨然成为我们生活的一部分。大数据也应该如此，就如我们除了衣、食、住、行以外，还要上网。今天，可以说人类已经很难再离开互联网了，如果有一天，当人类很难离开数据的时候，就是大数据应用真正深入人心的时候。

未来的生活场景一定是基于数据构建的，未来的数据也是由生活场景产生的。数据来源于生活，而又用之于生活，才是大数据正确的应用姿势。脱离生活场景来谈大数据都是一句空话。

观天象 定行踪 迷人眼，你也可以

草船借箭，想必读过书的人都知道这一《三国演义》中的典故。它发生在三国时期，由于周瑜长期以来“羡慕嫉妒恨”，我们在对诸葛亮的神机妙算五体投地的时候，但是却不知道，很大程度上得益于孔明对气象的准确观察和预测。

“草船借箭”和大数据有什么关系呢？对天象的观察是基于一种对风、云、温度、湿度、光照和所处节气的综合分析这些数据来源于多元化的“非结构”类型，并且数据量较大，只不过这些数据输入到的不是电脑，而是人脑并最终通过计算分析得出结论。当然诸葛亮并不懂什么叫作大数据，但是却是一种数据思维的体现。

这就是我们现在所说的“气象大数据”，当有一天，我们能够将每一场下雨，每一次刮风，每一次打雷都进行量化分析后，每一个人都可以实现预测天气的能力。这样我们可以提前预知哪一天适合外出，哪一天适合约会，而不是像现在心情好不好，全凭老天眷顾！

智慧城市：我的城市我最懂

拥挤的城市交通，巨大的人流量，每一座城市都有一种“城市病”。我们已经习惯了每次出门前，都会担心路上遇到交通拥堵，每次行车，总会害怕前方遇上交通事故？这些问题，恐怕当今社会每个人都曾经遭遇过。想想这么多年我们是怎么活过来的，真的是细思极恐！我们疲惫的身体，依然要遭受“城市病”的蹂躏。

大数据可谓是一剂治愈系良药。以往需要人工参与并监控的交通拥堵和车祸等信息，现在完全可以交由大数据进行处理，主动分析摄像头搜集的各个路段信息，并分析视频、主动报警、主动通知用户。智慧城市，很大程度上就蕴含了交通作为城市动脉的数据流。听到这里，是不是感觉整个人都好多了？

大数据可以让环保“武装到牙齿”

中国是一个人口大国，也是一个资源大国，更重要是一个污染大国。

“君住长江头，我住长江尾，你家下水道，我家自来水”

在中国，这样的事情比比皆是。

为了发展，中国企业竞相排污已经是一个不争的事实，我们的生存环境经不起一点推敲，看不见的或者看得见的“污染”，时时侵害着我们的身心，只是我们看不见或者假装看不见，自欺欺人罢了。

现在，有了大数据，这一现状有望改变。借助物联网传感数据，安插“数据之眼”，让一切污染源在“遇上”大数据的时候，更多的需要考虑甚至重新部署设计，以获得更为灵活高效的实时监控和预警，并帮助各类企业和环保等公益事业部门做出更科学合理的决策分析。

大数据让学习个性化：我的未来听我的

不重视教育的民族是一个弱智的民族。教育是一个国家和社会最具灵魂的领域，是心灵上的塑造和完善。对于教育而言，关系到每一个人的切身利益，而且伴随着每一个人的成长旅程。教育可以改变人的命运。同样，教育方式和教育理念也可以改变人的一生。

不同于以往的“赶鸭子上架”式的教育模式，数字教育会根据每个学生的这些行为特征和学习内容，对每个学生的考核和科目设置进行评价，并最终帮助培养学生早日成为创新人才，体现出了基于大数据的个性化学习发展方向。

可以预见，未来个性化学习终端，将会更多地融入学习资源云平台，根据每个学生的不同兴趣爱好和特长，推送相关领域的前沿技术、资讯、资源乃至未来职业发展方向，并贯穿每个人终生学习的全过程。

大数据让职场“上位”变得更加简单

是陷阱，还是机会，只在一念之间。

求职，是每个人学子走向社会的必经之路，也是实现个人价值最为常见的方式之一。如何通过大数据让“对”的人才更好、更快地在“对”的岗位“上位”，这是网络求职经常遇到的问题。我们求职往往都是误打误撞，有时候“瞎猫碰上死耗子”算你运气好，有时候“一失足成千古恨”那就只能自认倒霉！

网络求职，是广大求职者找工作的一种重要途径。从开始之初的简历制作、投放技巧到面试技巧等，其实说的都是一个问题，以更好的技巧来找到更好的岗位。如果说传统的网络求职更多的是投机取巧的话，那么大数据时代下的网络求职则是智能分析。当然，这种智能化既有利于招聘者也有利于求职者。

单纯看求职者简历，数据量再大也不属于大数据；仅凭招聘启示，再复杂多样的表达方式也同样不属于大数据。如何更智能、更高效、更准确地为人才和雇主搭建起桥梁，才是大数据应用的精髓所在。

大数据的应用领域很多，总而言之，言而总之，一句话：数据即生活，应用乃王道！

读 者 意 见 反 馈 表

亲爱的读者：

感谢您对中国铁道出版社的支持，您的建议是我们不断改进工作的信息来源，您的需求是我们不断开拓创新的基础。为了更好地服务读者，出版更多的精品图书，希望您能在百忙之中抽出时间填写这份意见反馈表发给我们。随书纸制表格请在填好后剪下寄到：北京市西城区右安门西街8号中国铁道出版社综合编辑部 苏茜 收（邮编：100054）。或者采用传真（010-63549458）方式发送。此外，读者也可以直接通过电子邮件把意见反馈给我们，E-mail地址是：4278268@qq.com。我们将选出意见中肯的热心读者，赠送本社的其他图书作为奖励。同时，我们将充分考虑您的意见和建议，并尽可能地给您满意的答复。谢谢！

- -

所购书名：______________________

个人资料：

姓名：__________性别：________年龄：________文化程度：______________

职业：________________电话：____________E-mail：________________

通信地址：______________________________邮编：______________

- -

您是如何得知本书的：

□书店宣传 □网络宣传 □展会促销 □出版社图书目录 □老师指定 □杂志、报纸等的介绍 □别人推荐 □其他（请指明）______________________

您从何处得到本书的：

□书店 □邮购 □商场、超市等卖场 □图书销售的网站 □培训学校 □其他

影响您购买本书的因素（可多选）：

□内容实用 □价格合理 □装帧设计精美 □带多媒体教学光盘 □优惠促销 □书评广告 □出版社知名度 □作者名气 □工作、生活和学习的需要 □其他

您对本书封面设计的满意程度：

□很满意 □比较满意 □一般 □不满意 □改进建议

您对本书的总体满意程度：

从文字的角度 □很满意 □比较满意 □一般 □不满意

从技术的角度 □很满意 □比较满意 □一般 □不满意

您希望书中图的比例是多少：

□少量的图片辅以大量的文字 □图文比例相当 □大量的图片辅以少量的文字

您希望本书的定价是多少：

本书最令您满意的是：

1.

2.

您在使用本书时遇到哪些困难：

1.

2.

您希望本书在哪些方面进行改进：

1.

2.

您需要购买哪些方面的图书？对我社现有图书有什么好的建议？

您更喜欢阅读哪些类型和层次的计算机书籍（可多选）？

□入门类 □精通类 □综合类 □问答类 □图解类 □查询手册类 □实例教程类

您在学习计算机的过程中有什么困难？

您的其他要求：